Nombres en lettres

1. Trace les nombres en chiffres et les nombres en lettres.
   Joins avec une ligne les nombres et les jetons qui les représentent.

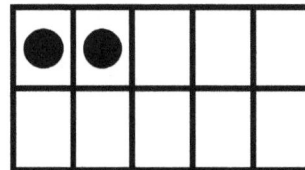

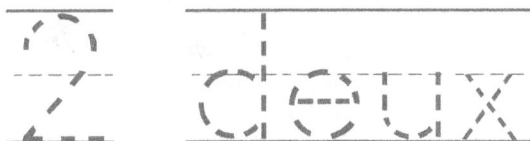

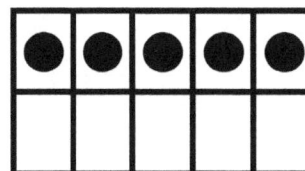

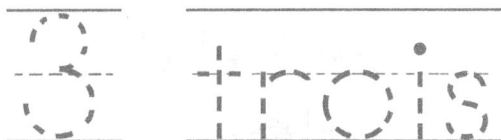

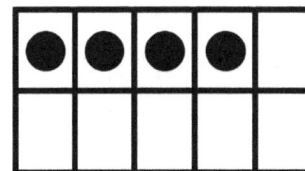

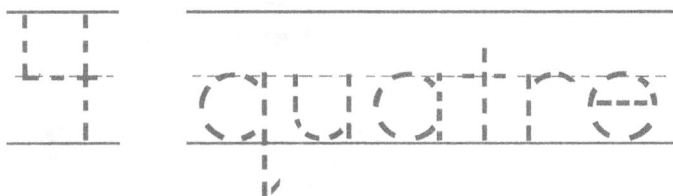

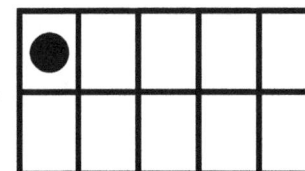

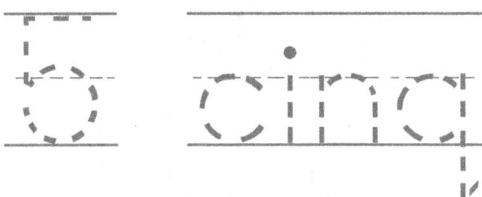

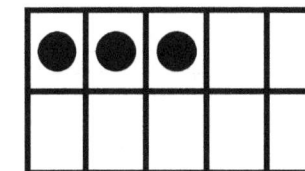

1 un

2 deux

3 trois

4 quatre

5 cinq

2. Trace les nombres en chiffres et les nombres en lettres.
   Joins avec une ligne les nombres et les jetons qui les représentent.

6 six

7 sept

8 huit

9 neuf

10 dix

Nombres

Trace les nombres. Dessine le nombre de ● correspondant à chaque nombre.

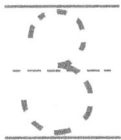

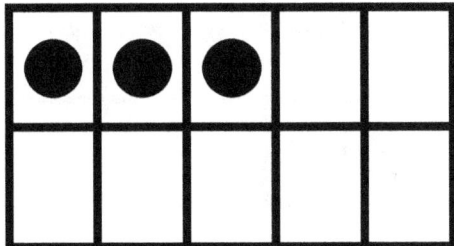

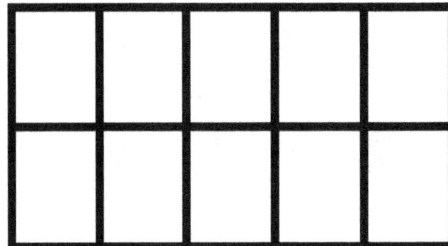

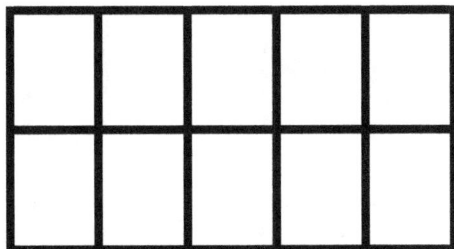

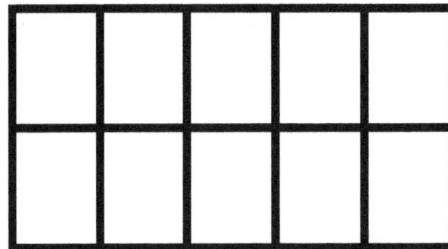

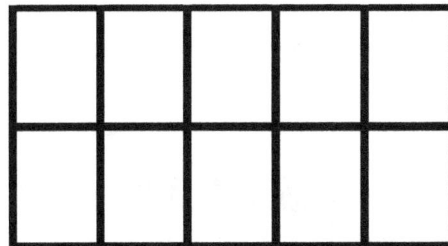

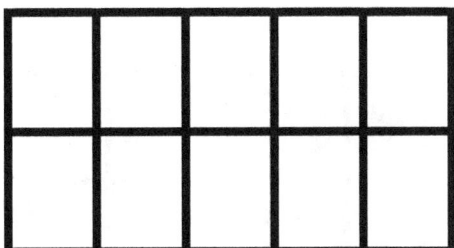

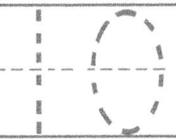

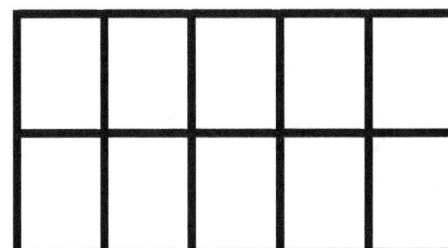

Compter jusqu'à 10 avec des cadres à 10 cases

Combien de jetons y a-t-il?

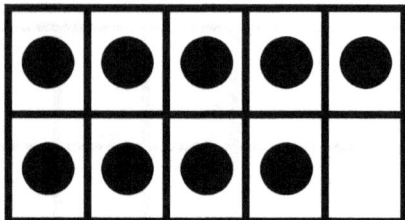 _____

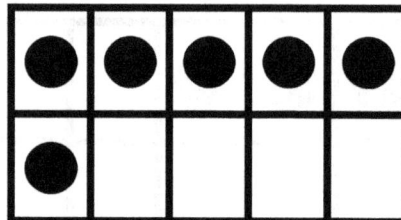 _____

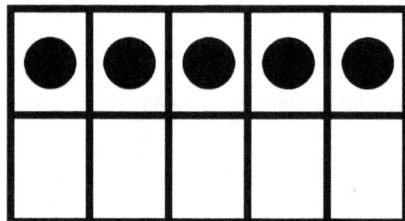 _____

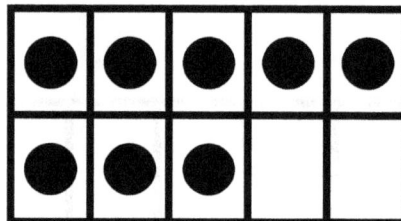 _____

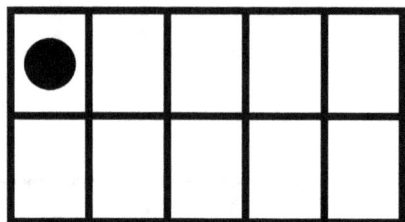 _____

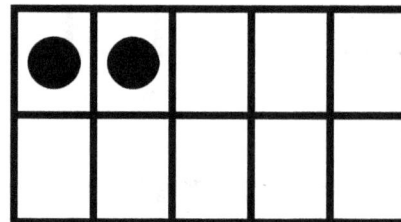 _____

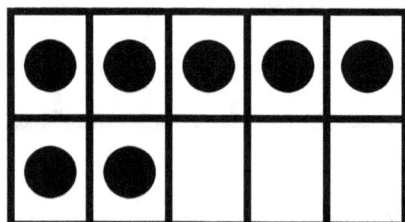 _____

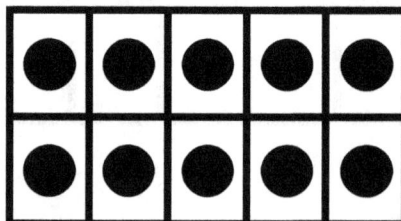 _____

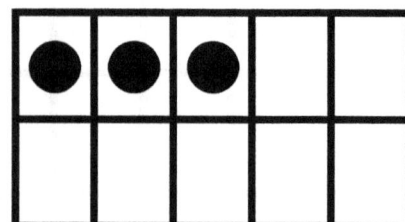 _____

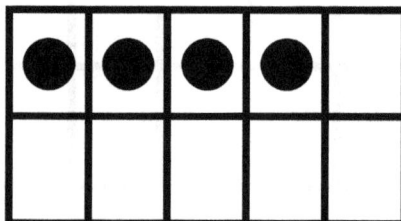 _____

Comparer des nombres de 1 à 10

Compare les nombres en comptant les jetons.

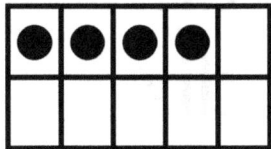 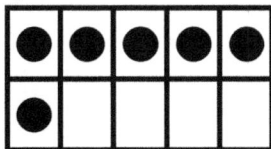

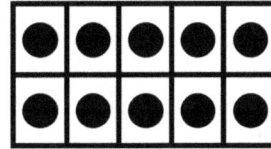 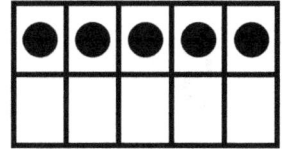

3 c'est **plus petit que** 5.   4 c'est **plus grand que** 2.   9 c'est **égal à** 9.

Écris les mots **plus grand que**, **plus petit que** ou **égal à**.

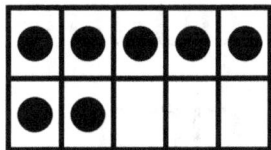

4 c'est _____ 6.

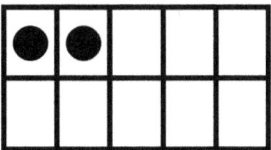

10 c'est _____ 5.

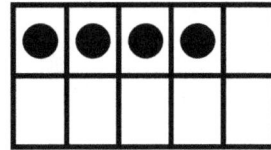

7 c'est _____ 2.

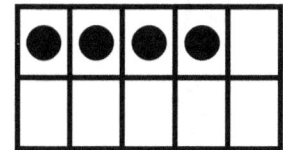

4 c'est _____ 4.

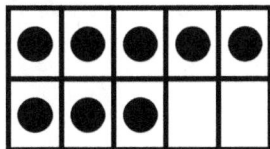

8 c'est _____ 9.

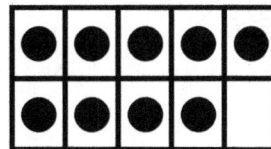

3 c'est _____ 1.

Nombres en chiffres et en lettres

Relie le nombre en chiffres au nombre en lettres correspondant.

1 — neuf

2 — six

3 — huit

4 — un

5 — dix

6 — deux

7 — trois

8 — quatre

9 — cinq

10 — sept

RÉFLÉCHIS BIEN

Encercle le mot qui représente le nombre 4.

trois   quatre   deux

Les nombres en mots cachés

Encercle dans la grille les mots du bas de la page.

d	z	e	r	o	l	u	n
e	k	t	r	o	i	s	w
u	q	j	h	t	d	b	h
x	c	i	n	q	i	e	u
f	a	s	y	v	x	p	i
z	k	i	n	e	u	f	t
b	e	x	g	s	e	p	t
q	u	a	t	r	e	v	w

un	quatre	sept	dix
deux	cinq	huit	zéro
trois	six	neuf	

Compter, et écrire le nombre

Regarde l'image au bas de la page. Combien y a-t-il de chaque créature?

© Chalkboard Publishing

Plus et moins

Encercle le groupe de créatures approprié. Écris **plus** ou **moins**.

1. Encercle le groupe qui contient **moins** de créatures que l'autre.

    1 c'est **moins** que 2.

2. Encercle le groupe qui contient **plus** de créatures que l'autre.

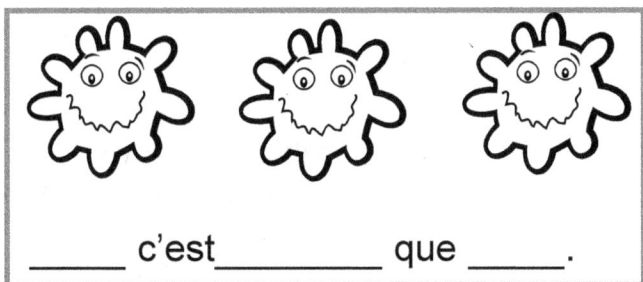

    _____ c'est_____ que _____.

3. Encercle le groupe qui contient **moins** de créatures que l'autre.

    _____ c'est_____ que _____.

4. Encercle le groupe qui contient **plus** de créatures que l'autre.

    _____ c'est _____ que _____.

Plus et moins (suite)

5. Ajoute ou enlève des figures (**plus** ou **moins**).

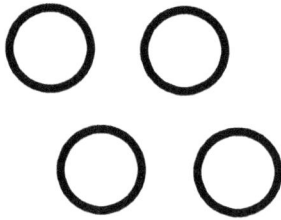

L'ensemble doit avoir
2 figures de plus.

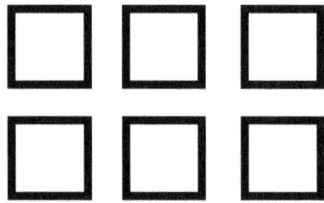

L'ensemble doit avoir
2 figures de moins.

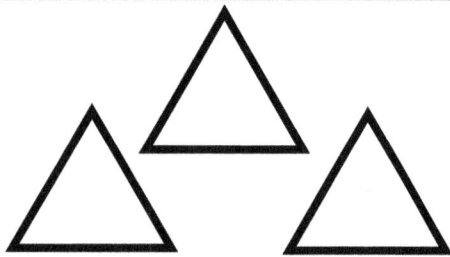

L'ensemble doit avoir
1 figure de plus.

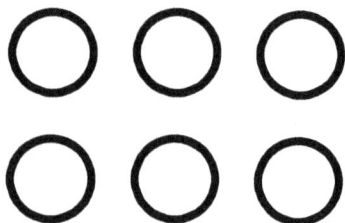

L'ensemble doit avoir
3 figures de moins.

Compter jusqu'à 20 avec des cadres à 10 cases

1. Combien de jetons y a-t-il?

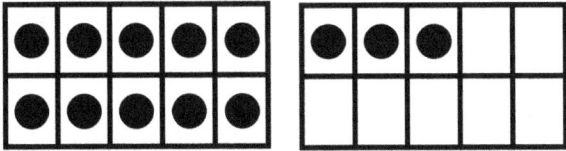

13

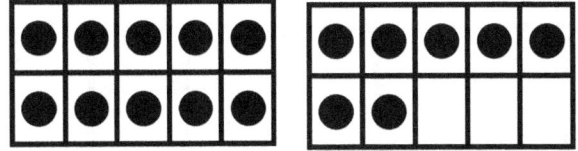

_____

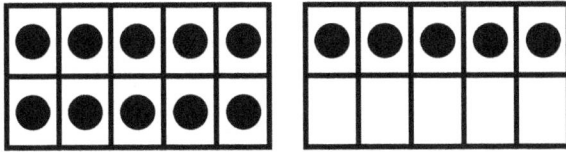

_____

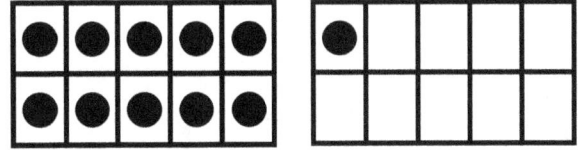

_____

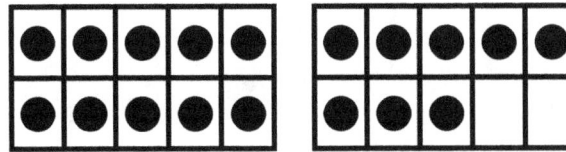

_____

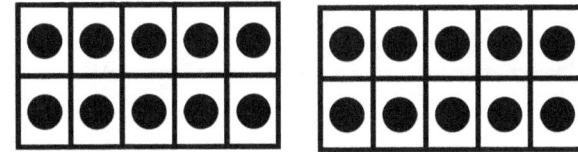

_____

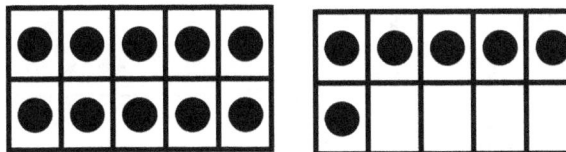

_____

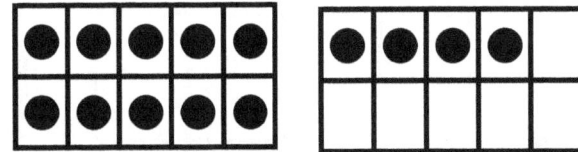

_____

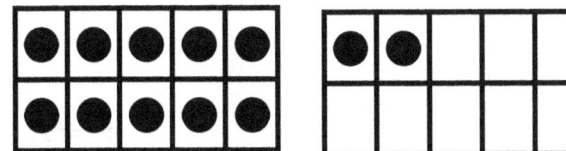

_____

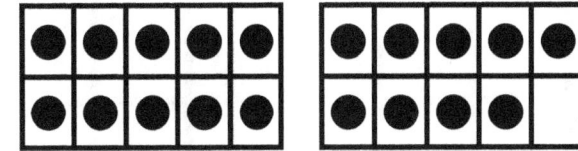

_____

2. Dans les cadres à 10 cases, dessine le nombre de ● égal au nombre indiqué.

15

11

17

12

3. Dans les cadres à 10 cases, dessine le nombre de ● égal au nombre indiqué.

20

14

19

11

Compter jusqu'à 20 avec des cadres à 10 cases (suite)

4. Dans les cadres à 10 cases, dessine le nombre de ● égal au nombre indiqué.

16

18

13

10

Compter de 1 à 20

Relie les points en comptant de 1 à 20. Compte à voix haute.

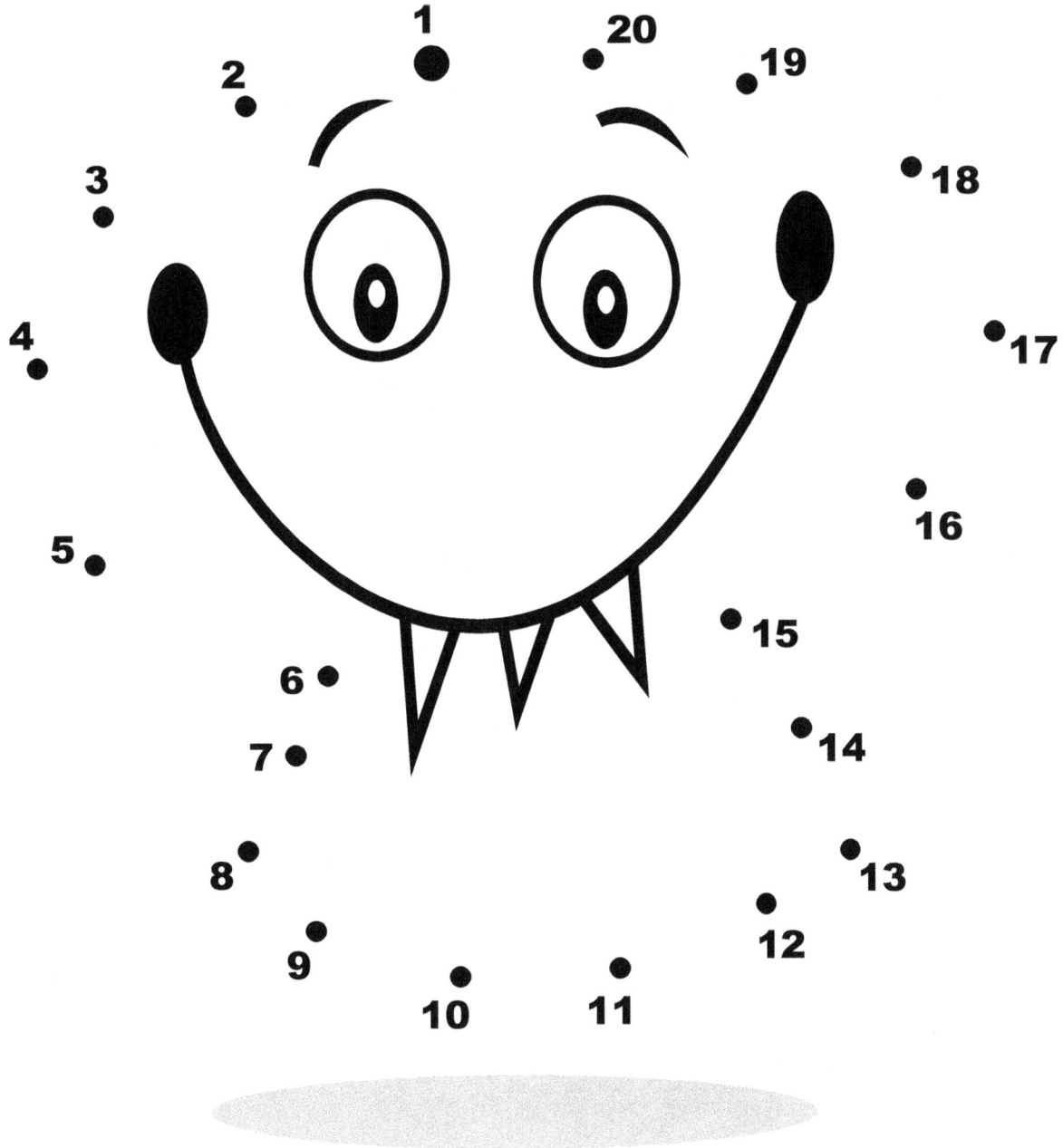

Nomme cette créature. _____

Qu'a-t-elle de spécial? _____

Ordonner des nombres

Écris le nombre qui manque. Sers-toi de la droite numérique, si tu en as besoin.

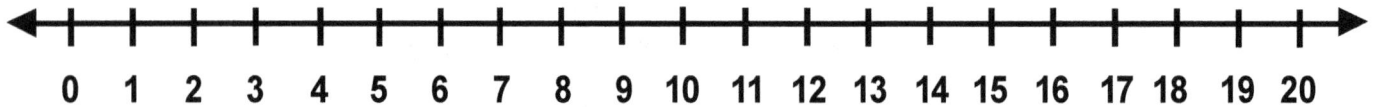

0 1 2 3 4 5 6 7 8 9 10 11 12 13 14 15 16 17 18 19 20

Juste avant : **10** , 11, 12

Juste avant : _____ , 4, 5

Juste après : 13, 14, _____

Juste avant et après : _____ , 16, _____

Entre : 5, _____ , 7

Juste après : 16, 17, _____

Entre : 12, _____ , 14

Juste avant et après : _____ , 8, _____

Juste après : 15, 16, _____

Juste avant : _____ , 17, 18

RÉFLÉCHIS BIEN

Nomme le nombre qui vient juste après 14, 15, 16. Encercle ta réponse.

13   10   17

Compter jusqu'à 50

Relie les points pour compter jusqu'à 50. Compte à voix haute.

Nomme cette créature. _____

Qu'a-t-elle de spécial? _____

Compter jusqu'à 100

Écris les nombres qui manquent dans la grille.

1	2	3	4	5	6		8	9	10
11	12	13	14		16	17	18		20
	22	23		25	26		28	29	
	32	33	34	35	36	37	38	39	40
41		43		45		47	48		50
51	52		54		56	57		59	
61			64		66		68	69	70
71	72	73	74	75		77		79	80
81	82	83		85		87	88	89	90
	92	93	94	95	96	97			100

Compter jusqu'à 100 par intervalles de 2

À voix haute, compte jusqu'à 100 par intervalles de 2. Relie les points.

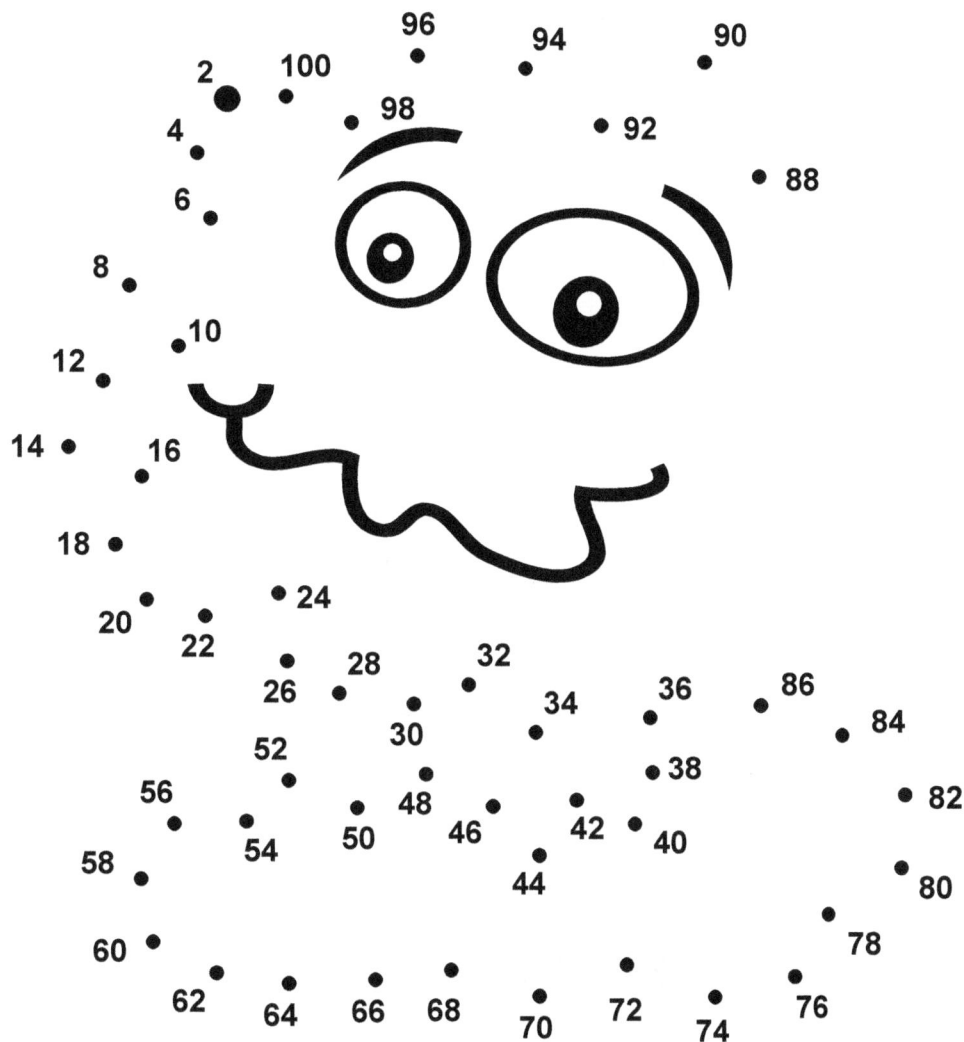

2   100   98   96   94   90   92   88
4
6
8
10
12
14   16
18
20   22   24
26   28   32   34   36   86   84
52   30   38   82
56   48   46   42   40   80
58   54   50   44   78
60   62   64   66   68   70   72   74   76

Nomme cette créature. _____

RÉFLÉCHIS BIEN

Compte par intervalles de 2.

●●	●●	●●	●●	●●
2				

Compter jusqu'à 100 par intervalles de 5

À voix haute, compte jusqu'à 100 par intervalles de 5. Relie les points.

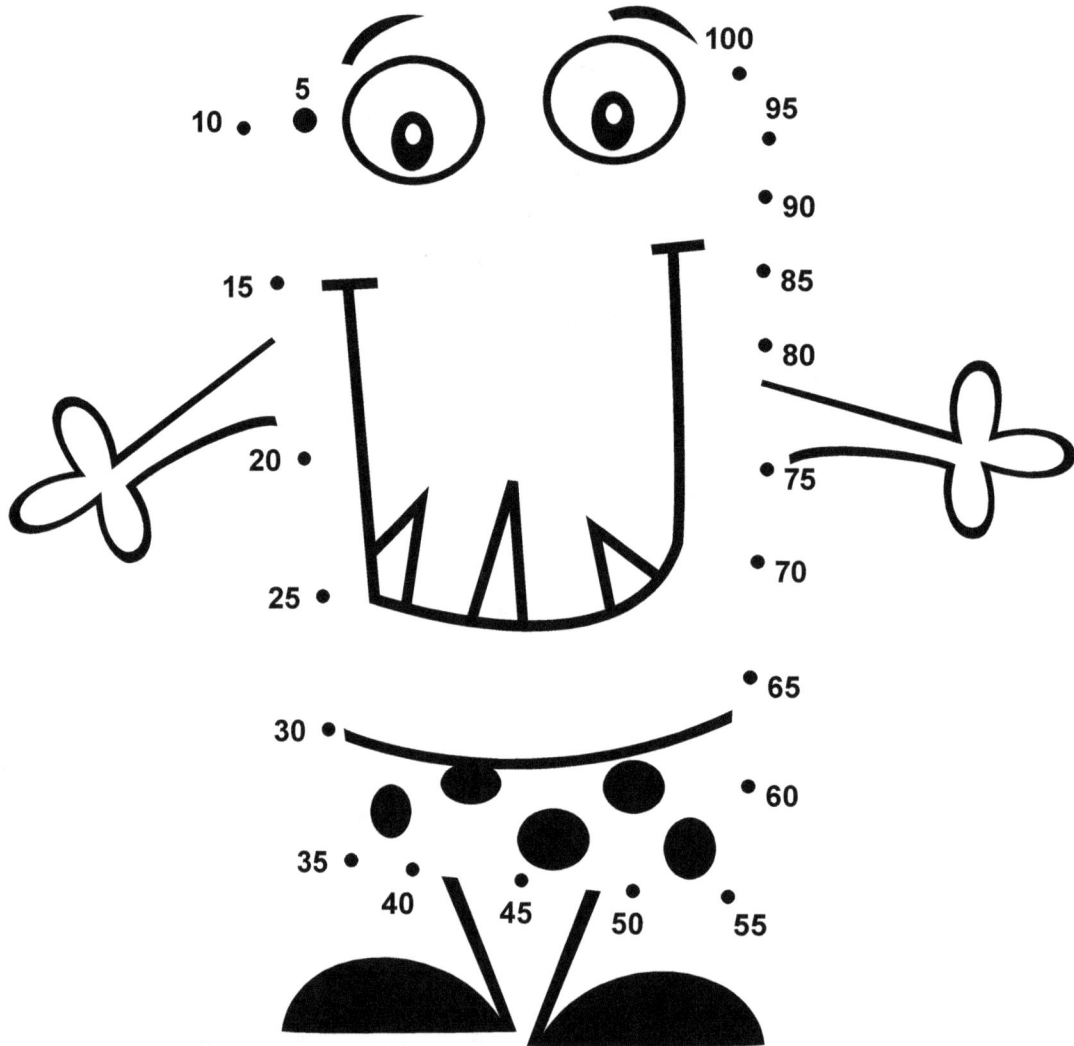

100
5
10
95
90
85
15
80
20
75
25
70
65
30
60
35
40   45   50   55

Nomme cette créature. _____

Compte par intervalles de 5.

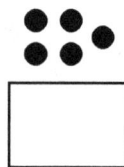

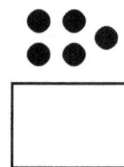

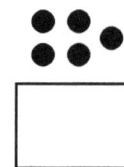

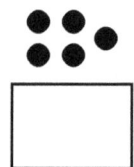

| 5 | | | | |

© Chalkboard Publishing

Nombres ordinaux jusqu'à 10

1. Lis les nombres ordinaux. Souligne la partie qui est la même.

premier/première 1er/1re	deuxième 2e	troisième 3e	quatrième 4e	cinquième 5e	sixième 6e	septième 7e	huitième 8e	neuvième 9e	dixième 10e

2. Encercle la bonne réponse.

a) Laquelle est la première créature?

b) Laquelle est la dernière créature?

c) Quelle créature est entre la 3e et la 5e?

d) _____ est la _____ créature dans la rangée.

e) _____ est la _____ créature dans la rangée.

f) _____ est la _____ créature dans la rangée.

g) _____ est la _____ créature dans la rangée.

RÉFLÉCHIS BIEN

Fais un X sur la 2e créature. Encercle la 5e créature.

Groupes de dix

Compte les groupes de dix. Compte les créatures qui restent. Combien y a-t-il de créatures en tout?

1.

Combien de groupes de 10? __2__ Combien en reste-t-il? __1__ Combien en tout? __21__

2.

Combien de groupes de 10? _____ Combien en reste-t-il? _____ Combien en tout? _____

3.

Combien de groupes de 10? _____ Combien en reste-t-il? _____ Combien en tout? _____

Groupes de dix (suite)

Compte les groupes de dix. Compte les créatures qui restent. Combien y a-t-il de créatures en tout?

4.

Combien de groupes de 10? _____ Combien en reste-t-il? _____ Combien en tout? _____

5.

Combien de groupes de 10? _____ Combien en reste-t-il? _____ Combien en tout? _____

6.

Combien de groupes de 10? _____ Combien en reste-t-il? _____ Combien en tout? _____

Dizaines et unités

Compte les dizaines et les unités. Quel est le nombre total de cubes?

Il y a 10 cubes dans chaque pile. La pile est une dizaine.

Chaque cube est une unité.

1 dizaine   + 3 unités   = 13 unités

1.

_____ dizaines + _____ unités =

_____ unités

2.

_____ dizaine + _____ unités =

_____ unités

3.

_____ dizaines + _____ unités =

_____ unités

4.

_____ dizaines + _____ unités =

_____ unités

5.

_____ dizaines + _____ unité =

_____ unités

6.

_____ dizaines + _____ unité =

_____ unités

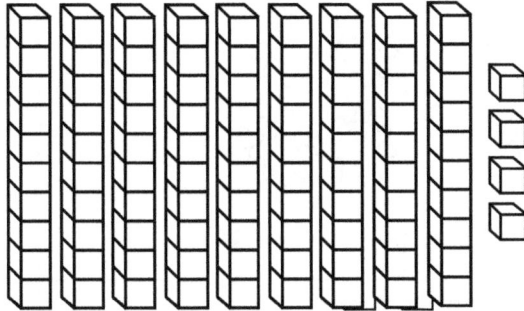

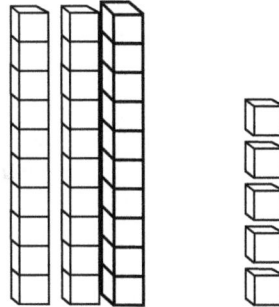

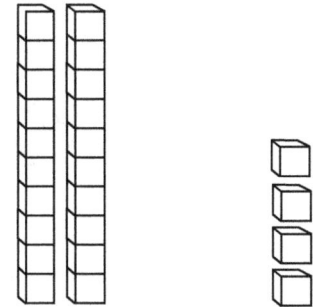

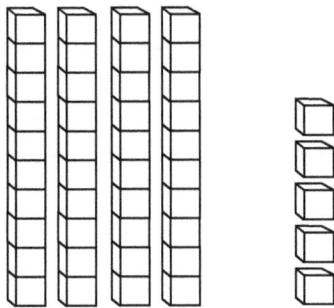

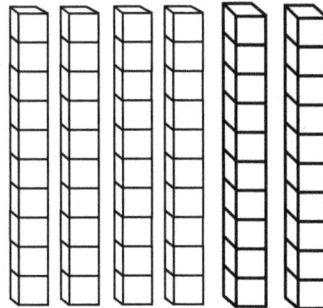

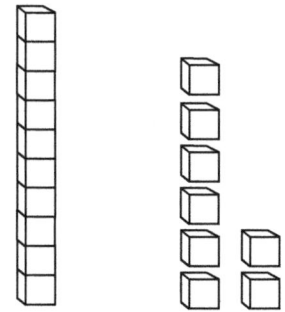

Dizaines et unités (suite)

Compte les dizaines et les unités. Quel est le nombre total de cubes?

7.

_____ dizaines + _____ unités =

_____ unités

8.

_____ dizaines + _____ unités =

_____ unités

9.

_____ dizaines + _____ unités =

_____ unités

10.

_____ dizaines + _____ unités =

_____ unités

11.

_____ dizaines + _____ unité =

_____ unités

12.

_____ dizaine + _____ unités =

_____ unités

RÉFLÉCHIS BIEN

Dessine les cubes qui correspondent à 2 dizaines et 3 unités.
Quel est le nombre total de cubes?

Additions en images

Écris l'équation.

1.

\+ _____ _____ = _____

2.

\+ _____ = _____

3.

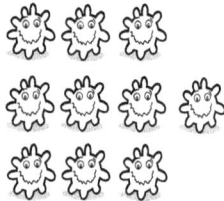

\+ _____ = _____

4.

\+ _____ = _____

5.

\+ _____ = _____

6.

\+ _____ = _____

7.

\+ _____ = _____

8.

\+ _____ = _____

Additions en images (suite)

Écris l'équation.

9.

_____ + _____ = _____

10.

_____ + _____ = _____

11.

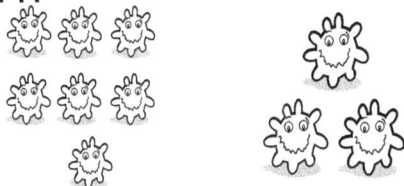

_____ + _____ = _____

12.

_____ + _____ = _____

13.

_____ + _____ = _____

14.

_____ + _____ = _____

15.

_____ + _____ = _____

16.

_____ + _____ = _____

Additions en images (suite)

Écris l'équation.

17.

+ _____ = _____

18.

+ _____ = _____

19.

+ _____ = _____

20.

+ _____ = _____

21.

+ _____ = _____

22.

+ _____ = _____

23.

+ _____ = _____

24.

+ _____ = _____

Ajouter 1 ou 2 en comptant normalement

Ajoute 1 en comptant normalement.

4 + 1 = _____

Commence par le nombre le plus grand.

Compte 1 de plus.

4   5

Arrête quand tu as montré 1 doigt.

4 + 1 = **5**

Ajoute 2 en comptant normalement.

4 + 2 = _____

Commence par le nombre le plus grand.

Compte 2 de plus.

4   5   6

Arrête quand tu as montré 2 doigts.

4 + 2 = **6**

1. Compte normalement pour faire les additions.

3 + 1 = _____ 3, _____	7 + 2 = _____ 7, _____, _____
5 + 1 = _____ 5, _____	1 + 2 = _____ 1, _____, _____
16 + 1 = _____ 16, _____	18 + 2 = _____ 18, _____, _____

Ajouter 1 ou 2 en comptant normalement (suite)

2. Compte normalement pour faire les additions.

9 + 1 = _____

9, _____

3 + 2 = _____

3, _____, _____

6 + 1 = _____

6, _____

14 + 2 = _____

14, _____, _____

1 + 1 = _____

1, _____

8 + 2 = _____

8, _____, _____

7 + 1 = _____

7, _____

5 + 2 = _____

5, _____, _____

8 + 1 = _____

8, _____

0 + 2 = _____

0, _____, _____

17 + 1 = _____

17, _____

13 + 2 = _____

13, _____, _____

Additions de nombres pareils

Écris l'équation.

1. ● + ●   _____ + _____ = _____

2. ● + ●   _____ + _____ = _____
   ●   ●

3. ●● + ●●   _____ + _____ = _____
   ●●   ●●

4. ●● ●● + ●● ●●   _____ + _____ = _____
   ●● ●●   ●● ●●

5. ●   ●   _____ + _____ = _____
   ●● ●● + ●● ●●
   ●● ●●   ●● ●●

6. ●● ●● + ●● ●●   _____ + _____ = _____
   ●● ●●   ●● ●●
   ●● ●●   ●● ●●

Additions avec une droite numérique

Fais des additions au moyen d'une droite numérique.

$6 + 3 =$ __9__

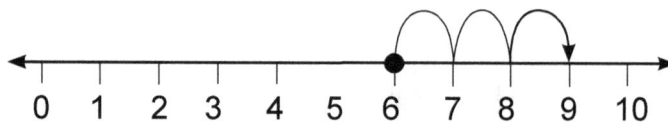

DIS : 7, 8, 9

Mets un point au-dessus du 6.
Compte normalement en traçant 3 bonds.
Arrête au 9.

1. Sers-toi de la droite numérique pour additionner. Mets un point là où tu commences. Puis compte normalement en traçant les bonds. Écris ta réponse.

$2 + 6 =$ ___

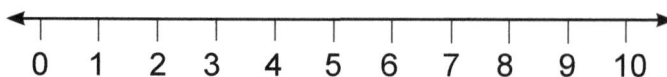

$6 + 4 =$ ___

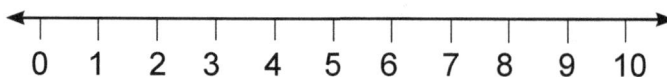

$1 + 8 =$ ___

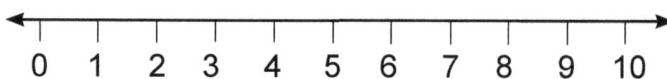

$2 + 7 =$ ___

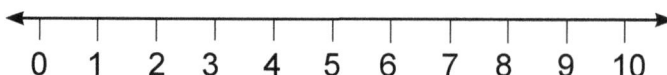

2. Sers-toi de la droite numérique pour additionner en comptant normalement. Mets un point là où tu commences. Puis trace les bonds. Écris ta réponse.

0 + 5 = ___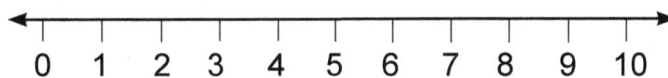

7 + 2 = ___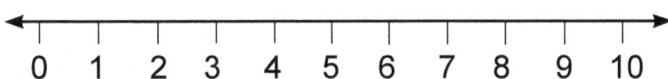

5 + 1 = ___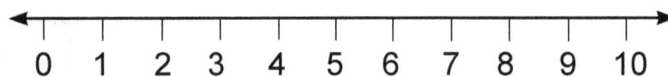

2 + 3 = ___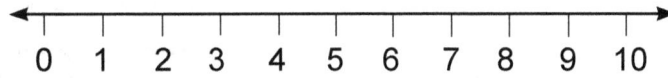

4 + 4 = ___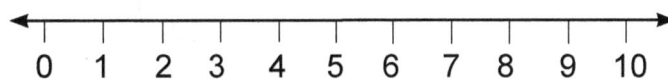

3 + 5 = ___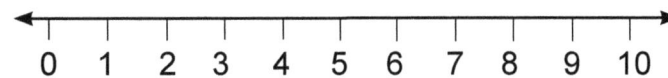

5 + 4 = ___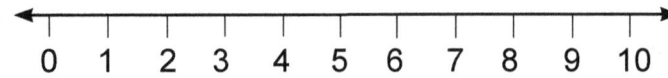

On peut additionner dans n'importe quel ordre

1. Sers-toi des cadres à 10 cases pour additionner de deux façons. Utilise deux couleurs différentes. Puis écris tes réponses.

$5 + 2 = 7$

$2 + 5 = 7$

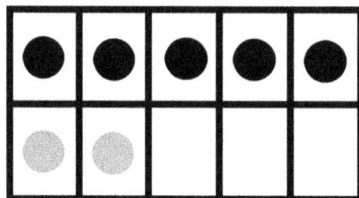 =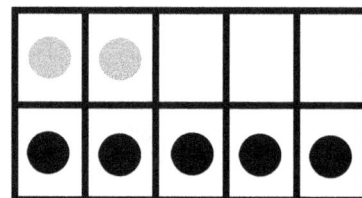

$6 + 3 =$ ____

$3 + 6 =$ ____

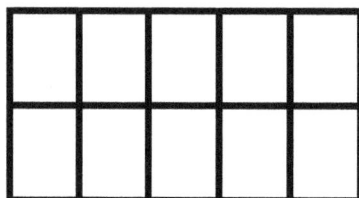 =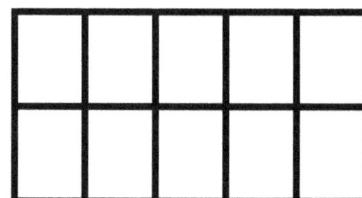

$2 + 4 =$ ____

$4 + 2 =$ ____

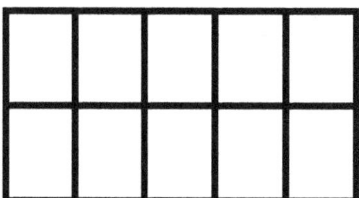 =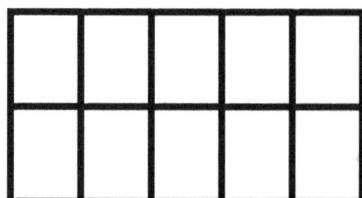

$1 + 7 =$ ____

$7 + 1 =$ ____

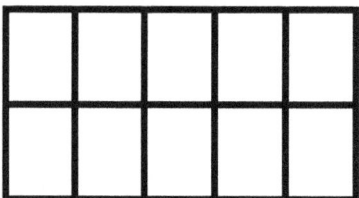 =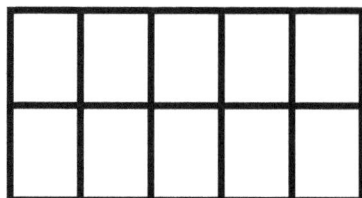

$4 + 5 =$ ____

$5 + 4 =$ ____

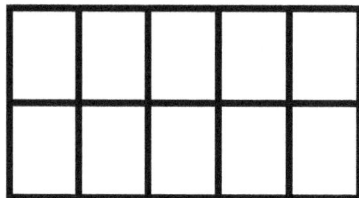 =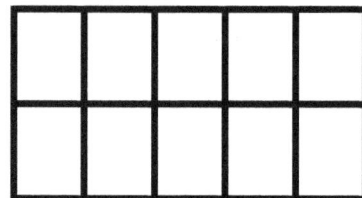

$8 + 2 =$ ____

$2 + 8 =$ ____

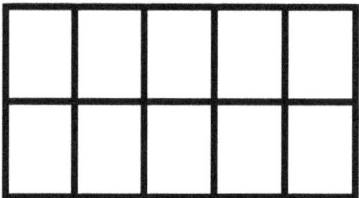 =

On peut additionner dans n'importe quel ordre (suite)

2. Sers-toi des cadres à 10 cases pour additionner de deux façons. Utilise deux couleurs différentes. Puis écris tes réponses.

6 + 4 = _____

4 + 6 = _____

7 + 2 = _____

2 + 7 = _____

3 + 4 = _____

4 + 3 = _____

1 + 9 = _____

9 + 1 = _____

1 + 2 = _____

2 + 1 = _____

Crée ta propre équation. Utilise des nombres dont la somme est plus petite que 10.

____ + ____ = ____ + ____

Faire une dizaine pour additionner

Encercle un groupe de 10 carrés pour t'aider à additionner.

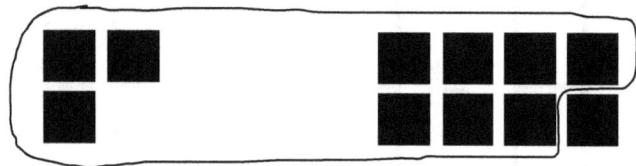

$3 + 8 = 10 + \underline{}1 = \underline{11}$

Encercle 10 carrés. Il reste 1 carré. Fais ton addition en l'ajoutant au nombre 10.

$5 + 7 = 10 + \underline{} = \underline{}$

$7 + 7 = 10 + \underline{} = \underline{}$

$4 + 9 = 10 + \underline{} = \underline{}$

$5 + 8 = 10 + \underline{} = \underline{}$

$9 + 6 = 10 + \underline{} = \underline{}$

Équations d'additions

1. Montre trois façons d'arriver à chaque réponse. Colorie chaque rangée de cubes en deux couleurs.

___ + ___ = 4

___ + ___ = 4

___ + ___ = 4

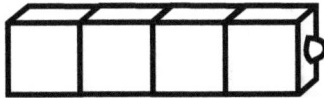

___ + ___ = 7

___ + ___ = 7

___ + ___ = 7

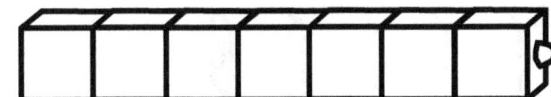

___ + ___ = 9

___ + ___ = 9

___ + ___ = 9

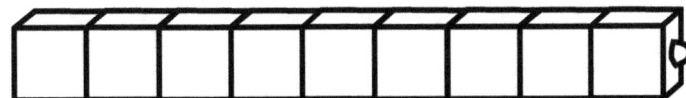
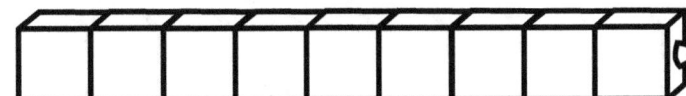

___ + ___ = 11

___ + ___ = 11

___ + ___ = 11

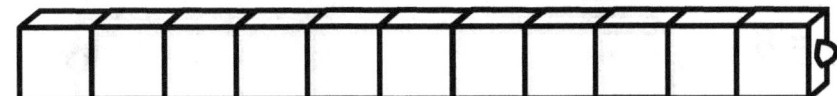

Équations d'additions (suite)

2. Montre trois façons d'arriver à chaque nombre. Colorie chaque rangée de cubes en deux couleurs.

____ + ____ = 10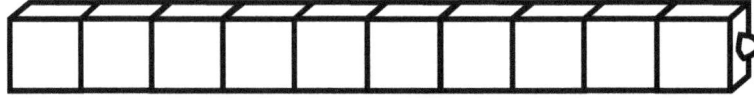

____ + ____ = 10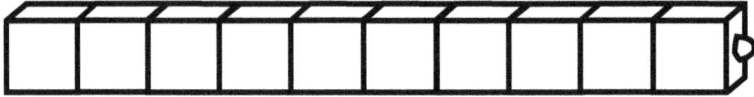

____ + ____ = 10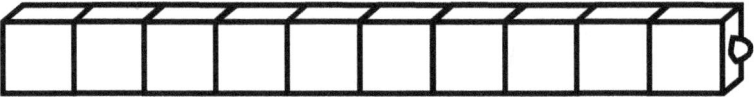

____ + ____ = 6

____ + ____ = 6

____ + ____ = 6

____ + ____ = 12

____ + ____ = 12

____ + ____ = 12

____ + ____ = 8

____ + ____ = 8

____ + ____ = 8

Soustractions en images

Compte toutes les créatures, puis soustrais celles qui sont barrées. Écris l'équation.

1.

$$\underline{\quad 4 \quad} - \underline{\quad 3 \quad} = \underline{\quad 1 \quad}$$

2.

$$\underline{\qquad} - \underline{\qquad} = \underline{\qquad}$$

3.

$$\underline{\qquad} - \underline{\qquad} = \underline{\qquad}$$

4.

$$\underline{\qquad} - \underline{\qquad} = \underline{\qquad}$$

5.

$$\underline{\qquad} - \underline{\qquad} = \underline{\qquad}$$

6.

$$\underline{\qquad} - \underline{\qquad} = \underline{\qquad}$$

7.

$$\underline{\qquad} - \underline{\qquad} = \underline{\qquad}$$

8.

$$\underline{\qquad} - \underline{\qquad} = \underline{\qquad}$$

Compte toutes les créatures, puis soustrais celles qui sont barrées. Écris l'équation.

9.

_____ – _____ = _____

10.

_____ – _____ = _____

11.

_____ – _____ = _____

12.

_____ – _____ = _____

13.

_____ – _____ = _____

14.

_____ – _____ = _____

15.

_____ – _____ = _____

16.

_____ – _____ = _____

Soustractions en images (suite)

Compte toutes les créatures, puis soustrais celles qui sont barrées. Écris l'équation.

17.

_____ – _____ = _____

18.

_____ – _____ = _____

19.

_____ – _____ = _____

20.

_____ – _____ = _____

21.

_____ – _____ = _____

22.

_____ – _____ = _____

23.

_____ – _____ = _____

24.

_____ – _____ = _____

Enlever 1 ou 2 en comptant à rebours

Enlève 1 en comptant à rebours.

3 – 1 = _____

Compte à rebours à partir du premier nombre. Compte à voix haute.

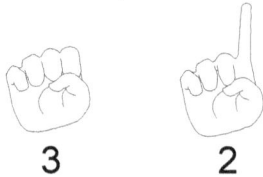

3   2

Arrête quand tu as montré 1 doigt.

3 – 1 = __**2**__

Enlève 2 en comptant à rebours.

5 – 2 = _____

Compte à rebours à partir du premier nombre. Compte à voix haute.

5   4   3

Arrête quand tu as montré 2 doigts.

5 – 2 = __**3**__

1. Soustrais en comptant à rebours.

9 – 1 = _____ 9, _____	8 – 2 = _____ 8, _____, _____
7 – 1 = _____ 7, _____	4 – 2 = _____ 4, _____, _____
5 – 1 = _____ 5, _____	6 – 2 = _____ 6, _____, _____
18 – 1 = _____ 18, _____	17 – 2 = _____ 17, _____, _____

2. Compte à rebours pour soustraire.

$4 - 1 =$ _____ 4, _____	$9 - 2 =$ _____ 9, _____, _____
$2 - 1 =$ _____ 2, _____	$10 - 2 =$ _____ 10, _____, _____
$6 - 1 =$ _____ 6, _____	$7 - 2 =$ _____ 7, _____, _____
$8 - 1 =$ _____ 8, _____	$12 - 2 =$ _____ 12, _____, _____
$13 - 1 =$ _____ 13, _____	$3 - 2 =$ _____ 3, _____, _____
$15 - 1 =$ _____ 15, _____	$11 - 2 =$ _____ 11, _____, _____
$12 - 1 =$ _____ 12, _____	$19 - 2 =$ _____ 19, _____, _____

Soustractions avec une droite numérique

Fais des soustractions au moyen d'une droite numérique.

8 – 4 = _**4**_

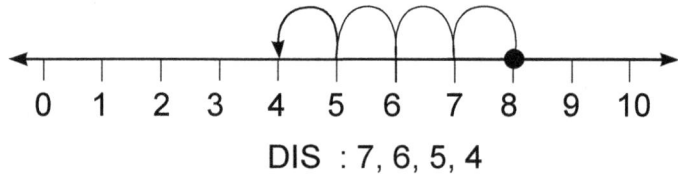

DIS : 7, 6, 5, 4

Mets un point au-dessus du 8.
Compte à rebours en traçant 4 bonds.
Arrête au 4.

1. Sers-toi de la droite numérique pour soustraire. Mets un point là où tu commences. Puis compte à rebours en traçant les bonds. Écris ta réponse.

9 – 6 = _____

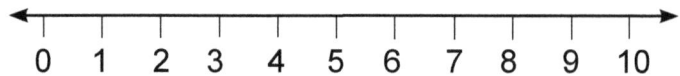

6 – 3 = _____

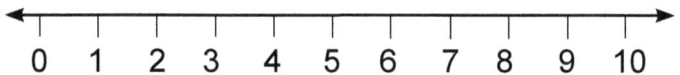

4 – 2 = _____

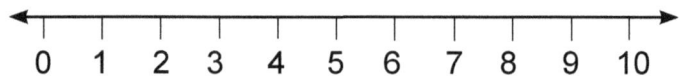

7 – 1 = _____

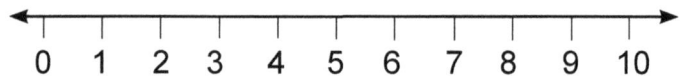

2. Sers-toi de la droite numérique pour soustraire. Mets un point là où tu commences. Puis compte à rebours en traçant les bonds. Écris ta réponse.

9 – 5 = _____

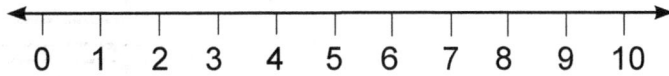

5 – 3 = _____

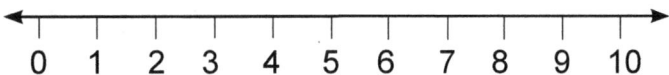

7 – 2 = _____

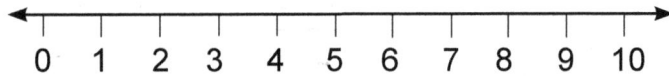

8 – 1 = _____

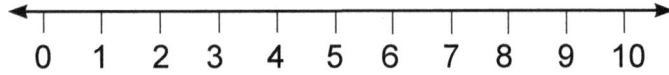

10 – 4 = _____

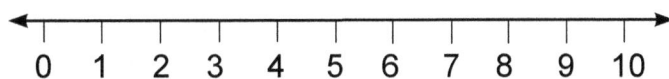

3 – 3 = _____

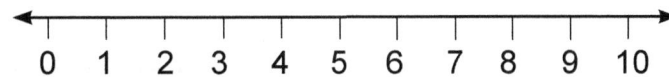

9 – 8 = _____

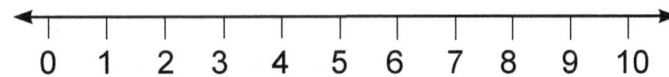

Équations de soustractions

1. Barre les cubes que tu veux enlever. Colorie les cubes qui restent. Complète l'équation de soustraction.

9 − ___ = ___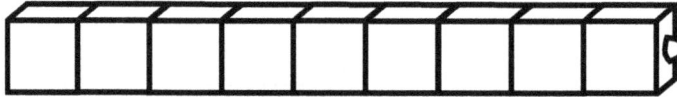

9 − ___ = ___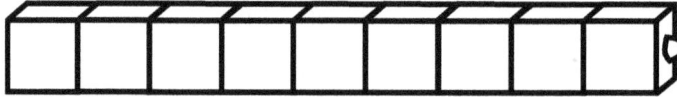

9 − ___ = ___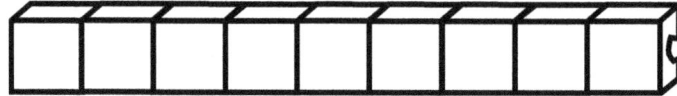

6 − ___ = ___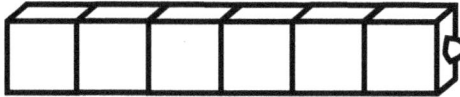

6 − ___ = ___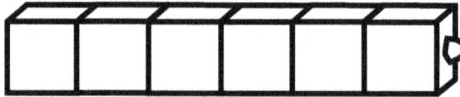

6 − ___ = ___

4 − ___ = ___

4 − ___ = ___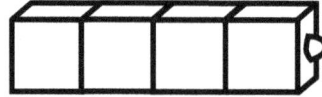

4 − ___ = ___

10 − ___ = ___

10 − ___ = ___

10 − ___ = ___

2. Barre les cubes que tu veux enlever. Colorie les cubes qui restent. Complète l'équation de soustraction.

7 – ___ = ___

7 – ___ = ___

7 – ___ = ___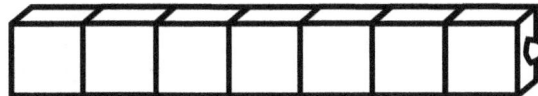

5 – ___ = ___

5 – ___ = ___

5 – ___ = ___

8 – ___ = ___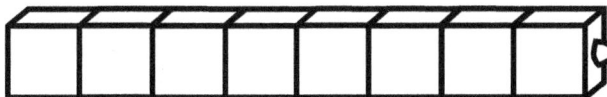

8 – ___ = ___

8 – ___ = ___

12 – ___ = ___

12 – ___ = ___

12 – ___ = ___

Sommes jusqu'à 5

1. Complète chaque équation. Sers-toi de la légende pour colorier l'image.

Légende des couleurs

0 – rouge
1 – bleu
2 – vert
3 – orange
4 – brun
5 – jaune

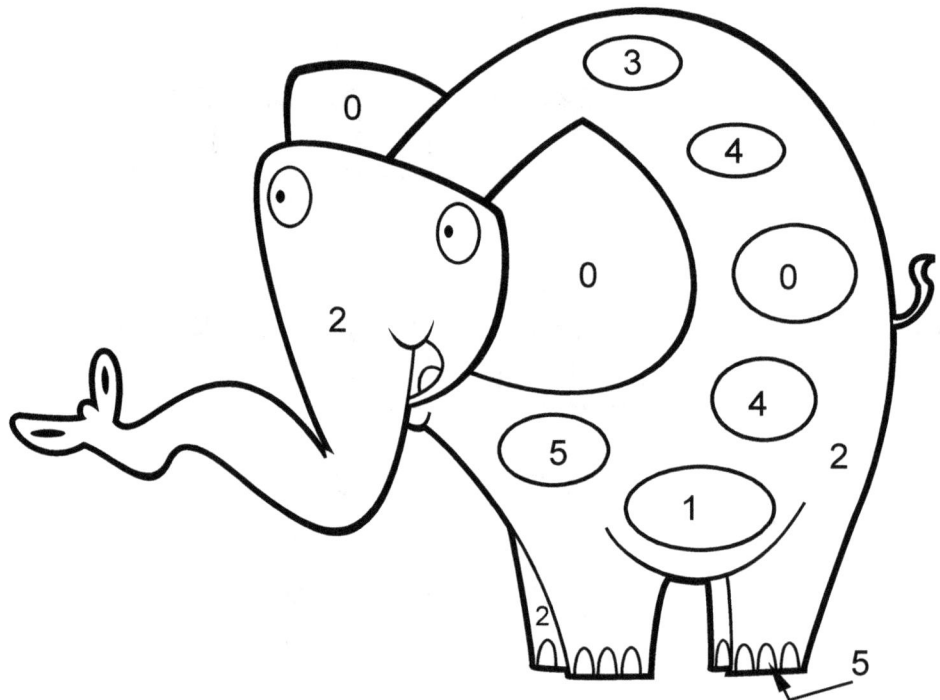

$4 + 1 =$ _____

$3 + 1 =$ _____

$1 + 1 =$ _____

$2 + 0 =$ _____

$5 + 0 =$ _____

$2 + 3 =$ _____

$1 + 3 =$ _____

$0 + 1 =$ _____

$0 + 5 =$ _____

$2 + 2 =$ _____

$1 + 4 =$ _____

$2 + 1 =$ _____

$1 + 0 =$ _____

$3 + 2 =$ _____

$4 + 0 =$ _____

$0 + 4 =$ _____

$0 + 0 =$ _____

$0 + 2 =$ _____

Sommes jusqu'à 5 (suite)

2. Trouve la somme.

4	2	0
+ 1	+ 2	+ 2

5	0	0	3	1
+ 0	+ 4	+ 3	+ 2	+ 3

3	4	1	2	1
+ 0	+ 0	+ 4	+ 3	+ 1

0	2	3	1	1
+ 1	+ 1	+ 1	+ 0	+ 2

Sommes jusqu'à 10

1. Complète chaque équation. Sers-toi de la légende pour colorier l'image.

Légende des couleurs
1 – rouge
2 – bleu
3 – vert
4 – orange
5 – brun
6 – jaune
7 – mauve
8 – rose
9 – gris
10 – noir

$2 + 1 =$ _____

$5 + 2 =$ _____

$3 + 4 =$ _____

$2 + 2 =$ _____

$3 + 1 =$ _____

$2 + 5 =$ _____

$1 + 2 =$ _____

$6 + 0 =$ _____

$1 + 1 =$ _____

$1 + 5 =$ _____

$2 + 3 =$ _____

$6 + 1 =$ _____

$3 + 6 =$ _____

$0 + 3 =$ _____

$1 + 0 =$ _____

$4 + 4 =$ _____

$4 + 1 =$ _____

$3 + 7 =$ _____

Sommes jusqu'à 10 (suite)

2. Trouve la somme.

$$
\begin{array}{r} 3 \\ + \ 1 \\ \hline \end{array}
\qquad
\begin{array}{r} 1 \\ + \ 1 \\ \hline \end{array}
\qquad
\begin{array}{r} 5 \\ + \ 2 \\ \hline \end{array}
$$

$$
\begin{array}{r} 0 \\ + \ 1 \\ \hline \end{array}
\qquad
\begin{array}{r} 5 \\ + \ 0 \\ \hline \end{array}
\qquad
\begin{array}{r} 2 \\ + \ 3 \\ \hline \end{array}
\qquad
\begin{array}{r} 1 \\ + \ 2 \\ \hline \end{array}
\qquad
\begin{array}{r} 0 \\ + \ 7 \\ \hline \end{array}
$$

$$
\begin{array}{r} 3 \\ + \ 4 \\ \hline \end{array}
\qquad
\begin{array}{r} 4 \\ + \ 3 \\ \hline \end{array}
\qquad
\begin{array}{r} 4 \\ + \ 2 \\ \hline \end{array}
\qquad
\begin{array}{r} 7 \\ + \ 3 \\ \hline \end{array}
\qquad
\begin{array}{r} 3 \\ + \ 5 \\ \hline \end{array}
$$

$$
\begin{array}{r} 2 \\ + \ 5 \\ \hline \end{array}
\qquad
\begin{array}{r} 6 \\ + \ 1 \\ \hline \end{array}
\qquad
\begin{array}{r} 4 \\ + \ 1 \\ \hline \end{array}
\qquad
\begin{array}{r} 2 \\ + \ 2 \\ \hline \end{array}
\qquad
\begin{array}{r} 4 \\ + \ 5 \\ \hline \end{array}
$$

RÉFLÉCHIS BIEN

$2 + 2 + 6 =$

Sommes jusqu'à 10 (suite)

3. Trouve la somme.

```
    5          2          8
+   5      +   6      +   2
_____     _____     _____


    2          8          3          4          1
+   2      +   1      +   3      +   4      +   3
_____     _____     _____     _____     _____


    3          2          2          1          9
+   6      +   3      +   5      +   5      +   1
_____     _____     _____     _____     _____


    1          5          4          2          7
+   4      +   4      +   3      +   8      +   1
_____     _____     _____     _____     _____
```

RÉFLÉCHIS BIEN

$4 + 2 + 3 =$ $5 + 1 + 2 =$

4. Trouve la somme.

$$
\begin{array}{r} 7 \\ + \ 1 \\ \hline \end{array}
\qquad
\begin{array}{r} 5 \\ + \ 1 \\ \hline \end{array}
\qquad
\begin{array}{r} 5 \\ + \ 2 \\ \hline \end{array}
$$

$$
\begin{array}{r} 8 \\ + \ 2 \\ \hline \end{array}
\qquad
\begin{array}{r} 5 \\ + \ 3 \\ \hline \end{array}
\qquad
\begin{array}{r} 2 \\ + \ 3 \\ \hline \end{array}
\qquad
\begin{array}{r} 1 \\ + \ 4 \\ \hline \end{array}
\qquad
\begin{array}{r} 6 \\ + \ 4 \\ \hline \end{array}
$$

$$
\begin{array}{r} 1 \\ + \ 3 \\ \hline \end{array}
\qquad
\begin{array}{r} 4 \\ + \ 2 \\ \hline \end{array}
\qquad
\begin{array}{r} 9 \\ + \ 1 \\ \hline \end{array}
\qquad
\begin{array}{r} 2 \\ + \ 2 \\ \hline \end{array}
\qquad
\begin{array}{r} 6 \\ + \ 2 \\ \hline \end{array}
$$

$$
\begin{array}{r} 2 \\ + \ 1 \\ \hline \end{array}
\qquad
\begin{array}{r} 8 \\ + \ 1 \\ \hline \end{array}
\qquad
\begin{array}{r} 3 \\ + \ 2 \\ \hline \end{array}
\qquad
\begin{array}{r} 7 \\ + \ 2 \\ \hline \end{array}
\qquad
\begin{array}{r} 1 \\ + \ 9 \\ \hline \end{array}
$$

RÉFLÉCHIS BIEN

$1 + 7 + 1 =$ $\qquad$ $3 + 5 + 1 =$

5. Trouve la somme.

5	2	7
+ 4	+ 6	+ 3

2	6	3	4	4
+ 4	+ 1	+ 7	+ 5	+ 3

6	2	1	4	1
+ 3	+ 5	+ 5	+ 4	+ 1

5	2	2	3	3
+ 5	+ 1	+ 8	+ 3	+ 1

RÉFLÉCHIS BIEN

$8 + 1 + 0 =$ $\qquad$ $2 + 2 + 4 =$

Sommes jusqu'à 20

Fais les additions. Sers-toi de jetons ou de la droite numérique, si tu en as besoin.
Conseil : Commence par le nombre le plus grand.

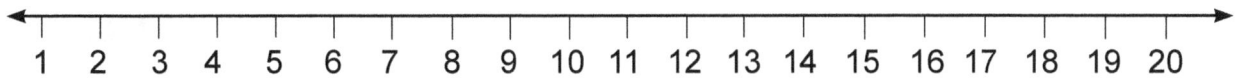

```
 ←|--|--|--|--|--|--|--|--|--|--|--|--|--|--|--|--|--|--|--|→
   1  2  3  4  5  6  7  8  9 10 11 12 13 14 15 16 17 18 19 20
```

| 6 | 9 | 10 | 8 | 11 |
+ 6	+ 4	+ 2	+ 6	+ 3

| 9 | 15 | 12 | 8 | 7 |
+ 2	+ 0	+ 3	+ 7	+ 7

| 10 | 9 | 11 | 10 | 4 |
+ 10	+ 10	+ 1	+ 4	+ 7

| 9 | 6 | 9 | 8 | 10 |
+ 5	+ 7	+ 9	+ 5	+ 3

Association addition/somme

Relie chaque addition à sa somme.

3 + 5 = •	• 12
1 + 0 = •	• 8
2 + 2 = •	• 6
4 + 2 = •	• 5
5 + 5 = •	• 9
2 + 1 = •	• 2
8 + 3 = •	• 4
6 + 6 = •	• 10
7 + 2 = •	• 1
5 + 2 = •	• 3
1 + 1 = •	• 7
3 + 2 = •	• 11

Problèmes sous forme d'histoires

1. Résous les problèmes.

Il y a **3** 🐛 sur le sol.

Puis **2** autres 🐛 se joignent à eux.

Combien de 🐛 y a-t-il en tout?

_____ [ ] _____ = _____

Il y a **4** 🐝 sur la fleur.

Puis **1** autre 🐝 se pose sur la fleur.

Combien d' 🐝 y a-t-il en tout?

_____ [ ] _____ = _____

Il y a **2** 🐤 sur la branche.

Puis **5** autres 🐤 se posent sur la branche.

Combien y a-t-il d' 🐤 en tout?

_____ [ ] _____ = _____

Problèmes sous forme d'histoires (suite)

2. Résous les problèmes.

Il y a **4** dans l'étang.

Puis **3** autres plongent dans l'étang.

Combien de y a-t-il en tout?

_____ ☐ _____ = _____

Il y a **5** sous l'arbre.

Puis **1** autre se joint au groupe.

Combien y a-t-il de en tout?

_____ ☐ _____ = _____

Il y a **2** qui mangent du fromage.

Puis **2** autres viennent aussi manger du fromage.

Combien y a-t-il de en tout?

_____ ☐ _____ = _____

Différences de 0 à 5

1. Fais les soustractions. Sers-toi de la légende pour colorier l'image.

Légende des couleurs

0 – vert
1 – bleu
2 – rouge
3 – mauve
4 – orange
5 – jaune

$4 - 3 =$ _____

$2 - 2 =$ _____

$3 - 2 =$ _____

$5 - 1 =$ _____

$4 - 2 =$ _____

$5 - 2 =$ _____

$3 - 1 =$ _____

$2 - 0 =$ _____

$1 - 1 =$ _____

$1 - 0 =$ _____

$2 - 1 =$ _____

$5 - 5 =$ _____

$5 - 4 =$ _____

$3 - 3 =$ _____

$4 - 0 =$ _____

$4 - 4 =$ _____

$4 - 1 =$ _____

$3 - 0 =$ _____

Différences de 0 à 5 (suite)

2. Trouve la différence.

$$
\begin{array}{r} 4 \\ -\ 1 \\ \hline \end{array}
\qquad
\begin{array}{r} 5 \\ -\ 2 \\ \hline \end{array}
\qquad
\begin{array}{r} 3 \\ -\ 3 \\ \hline \end{array}
$$

$$
\begin{array}{r} 3 \\ -\ 2 \\ \hline \end{array}
\qquad
\begin{array}{r} 5 \\ -\ 0 \\ \hline \end{array}
\qquad
\begin{array}{r} 1 \\ -\ 1 \\ \hline \end{array}
\qquad
\begin{array}{r} 2 \\ -\ 0 \\ \hline \end{array}
\qquad
\begin{array}{r} 5 \\ -\ 3 \\ \hline \end{array}
$$

$$
\begin{array}{r} 5 \\ -\ 4 \\ \hline \end{array}
\qquad
\begin{array}{r} 4 \\ -\ 0 \\ \hline \end{array}
\qquad
\begin{array}{r} 4 \\ -\ 2 \\ \hline \end{array}
\qquad
\begin{array}{r} 2 \\ -\ 1 \\ \hline \end{array}
\qquad
\begin{array}{r} 4 \\ -\ 3 \\ \hline \end{array}
$$

$$
\begin{array}{r} 5 \\ -\ 1 \\ \hline \end{array}
\qquad
\begin{array}{r} 4 \\ -\ 4 \\ \hline \end{array}
\qquad
\begin{array}{r} 1 \\ -\ 0 \\ \hline \end{array}
\qquad
\begin{array}{r} 3 \\ -\ 1 \\ \hline \end{array}
\qquad
\begin{array}{r} 5 \\ -\ 5 \\ \hline \end{array}
$$

RÉFLÉCHIS BIEN

$5 - 1 - 2 =$ $4 - 1 - 2 =$

Différences de 0 à 10

1. Fais les soustractions. Sers-toi de la légende pour colorier l'image.

Légende des couleurs

1 – rouge
2 – bleu
3 – vert
4 – orange
5 – brun
6 – jaune
7 – mauve
8 – gris
9 – rose
10 – noir

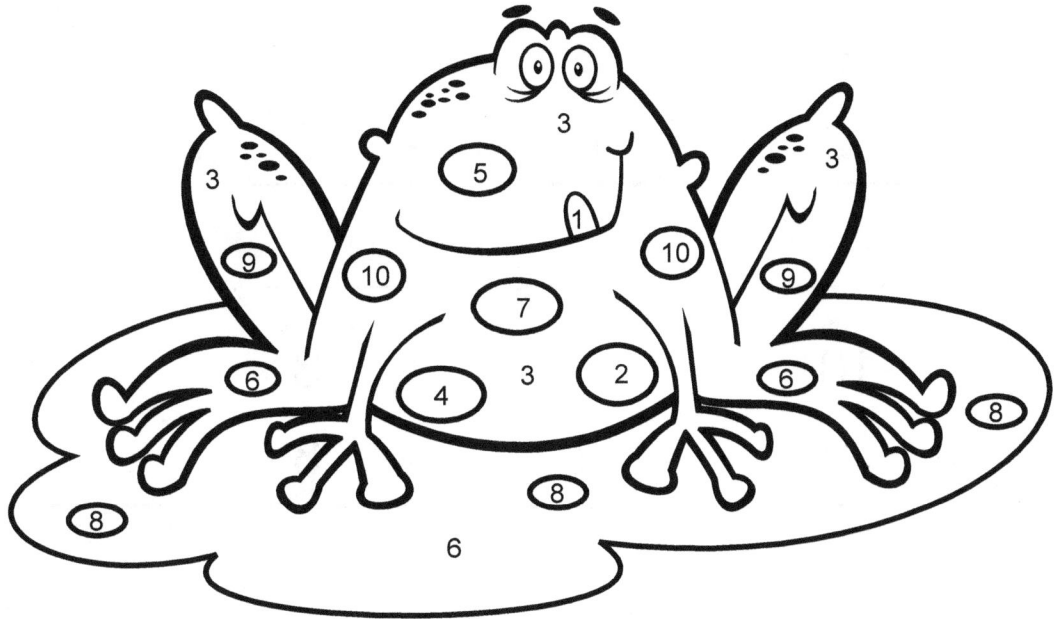

$5 - 2 =$ _____

$9 - 6 =$ _____

$1 - 0 =$ _____

$4 - 2 =$ _____

$6 - 1 =$ _____

$3 - 2 =$ _____

$6 - 4 =$ _____

$4 - 3 =$ _____

$6 - 3 =$ _____

$6 - 0 =$ _____

$9 - 5 =$ _____

$3 - 1 =$ _____

$7 - 5 =$ _____

$5 - 4 =$ _____

$5 - 5 =$ _____

$7 - 4 =$ _____

$7 - 6 =$ _____

$2 - 1 =$ _____

Différences de 0 à 10 (suite)

2. Trouve la différence.

6	8	10
− 2	− 6	− 5

10	9	3	10	3
− 2	− 2	− 3	− 9	− 0

7	8	9	6	10
− 1	− 4	− 3	− 5	− 7

4	6	7	4	5
− 4	− 2	− 2	− 1	− 1

RÉFLÉCHIS BIEN

$10 - 6 - 1 =$ $10 - 5 - 2 =$

Différences de 0 à 10 (suite)

3. Trouve la différence.

5	9	6
− 0	− 7	− 6

10	8	10	10	4
− 4	− 2	− 3	− 8	− 0

6	10	8	2	7
− 3	− 1	− 5	− 0	− 3

10	5	9	8	7
− 6	− 3	− 8	− 3	− 7

Différences de 0 à 20

Fais les soustractions. Sers-toi de la droite numérique pour compter à rebours.

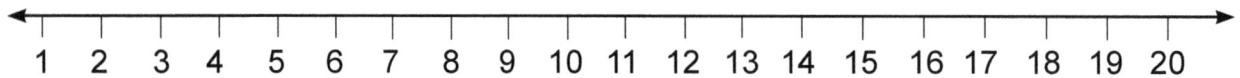

1 2 3 4 5 6 7 8 9 10 11 12 13 14 15 16 17 18 19 20

| 9 | 14 | 12 | 11 | 13 |
| − 4 | − 2 | − 8 | − 5 | − 2 |

| 10 | 13 | 11 | 15 | 20 |
| − 0 | − 1 | − 6 | − 2 | − 3 |

| 18 | 16 | 11 | 16 | 12 |
| − 9 | − 2 | − 4 | − 8 | − 9 |

| 18 | 14 | 12 | 20 | 15 |
| − 8 | − 7 | − 6 | − 10 | − 4 |

Problèmes sous forme d'histoires

1. Résous les problèmes.

Il y a **8** 🐛 sur le sol.

Puis **3** 🐛 partent.

Combien de 🐛 reste-t-il?

_____ ☐ _____ = _____

Il y a **7** 🐝 sur la fleur.

Puis **4** 🐝 s'envolent.

Combien d' 🐝 reste-t-il?

_____ ☐ _____ = _____

Il y a **9** 🐦 sur la branche.

Puis **3** 🐦 s'envolent.

Combien d' 🐦 reste-t-il?

_____ ☐ _____ = _____

Problèmes sous forme d'histoires (suite)

2. Résous les problèmes.

Il y a **6** 🐢 dans l'étang.

Puis **2** 🐢 sortent de l'étang.

Combien de 🐢 reste-t-il?

_____ ☐ _____ = _____

Il y a **3** 🐕 sous l'arbre.

Puis **1** 🐕 s'éloigne des autres.

Combien de 🐕 reste-t-il?

_____ ☐ _____ = _____

Il y a **5** 🐭 qui mangent du fromage.

Puis **4** 🐭 partent.

Combien de 🐭 reste-t-il?

_____ ☐ _____ = _____

Association soustraction/différence

Relie chaque soustraction à sa différence.

12 – 6 = •	• 10
7 – 3 = •	• 2
10 – 2 = •	• 5
6 – 5 = •	• 4
9 – 6 = •	• 7
5 – 3 = •	• 9
9 – 4 = •	• 11
8 – 1 = •	• 0
10 – 1 = •	• 6
11 – 0 = •	• 3
1 – 1 = •	• 8
10 – 0 = •	• 1

Parties égales

Encercle la figure dont les deux parties sont égales, c'est-à-dire dont chaque partie est une moitié de la figure. Colorie une des moitiés.

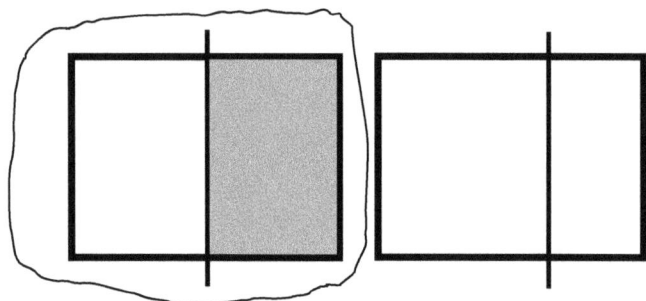

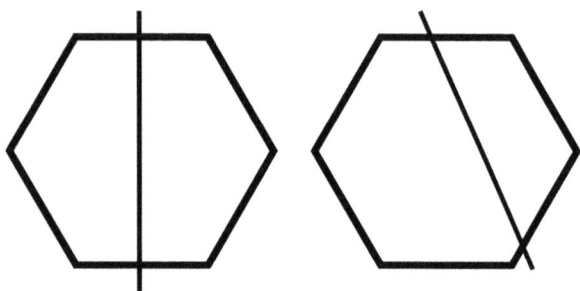

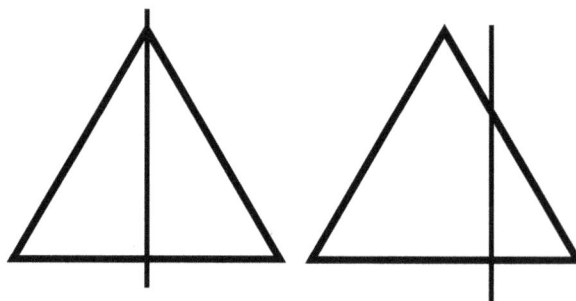

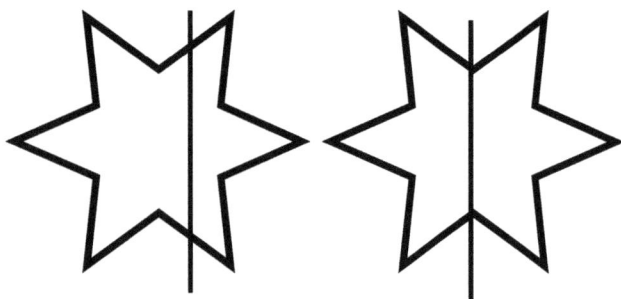

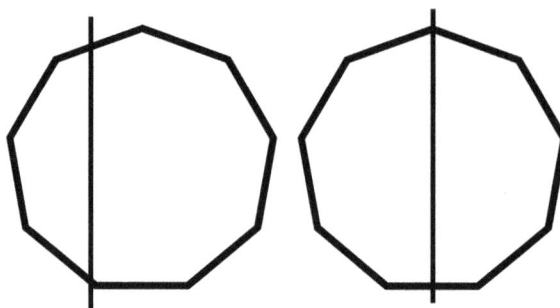

Nomme la fraction

Quelle partie de la figure est ombrée? Encercle la fraction.

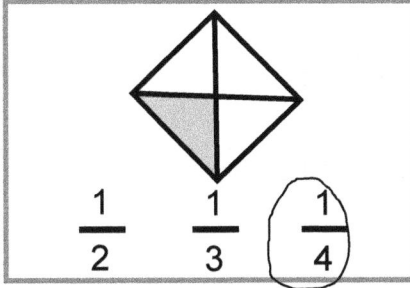

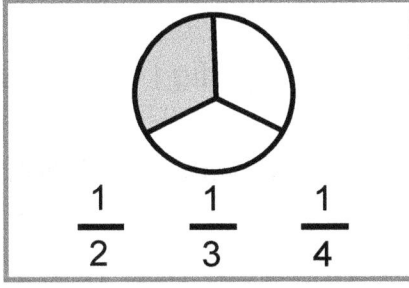

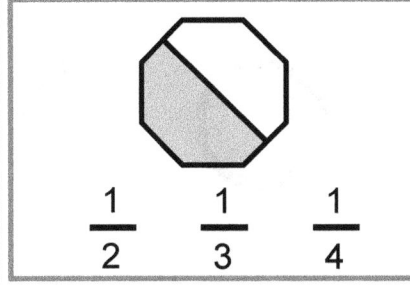

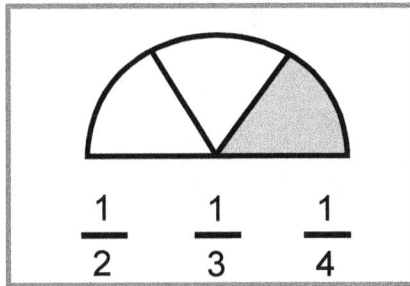

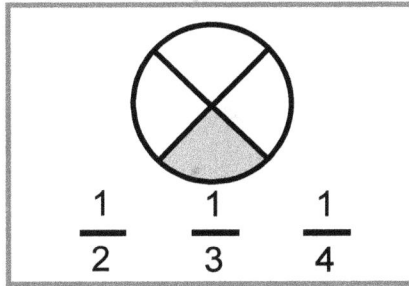

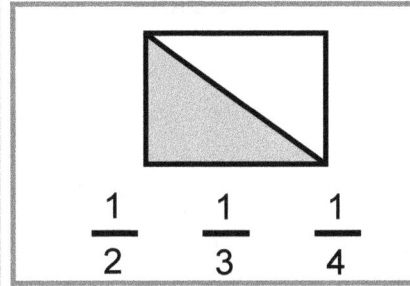

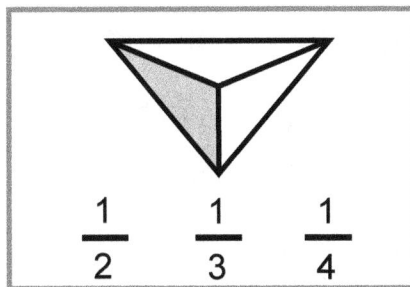

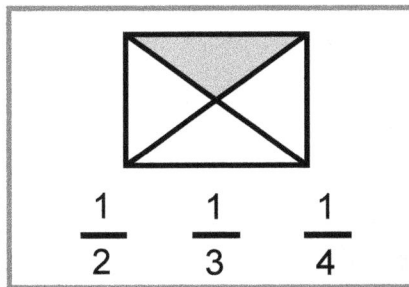

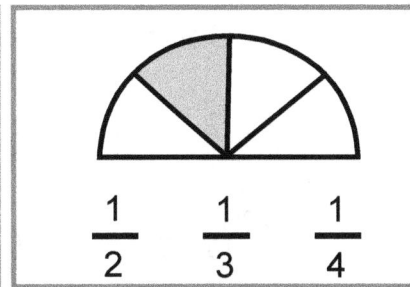

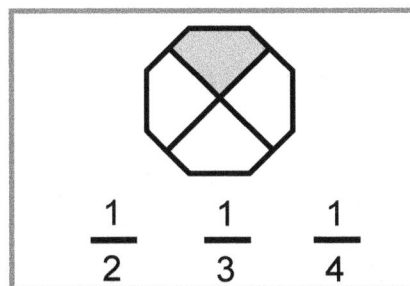

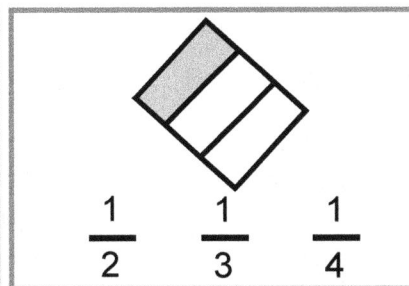

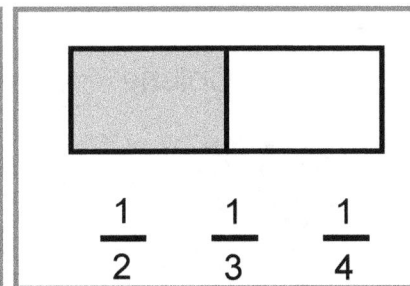

$\dfrac{1}{2}$ $\dfrac{1}{3}$ ⟨$\dfrac{1}{4}$⟩	$\dfrac{1}{2}$ $\dfrac{1}{3}$ $\dfrac{1}{4}$	$\dfrac{1}{2}$ $\dfrac{1}{3}$ $\dfrac{1}{4}$
$\dfrac{1}{2}$ $\dfrac{1}{3}$ $\dfrac{1}{4}$	$\dfrac{1}{2}$ $\dfrac{1}{3}$ $\dfrac{1}{4}$	$\dfrac{1}{2}$ $\dfrac{1}{3}$ $\dfrac{1}{4}$
$\dfrac{1}{2}$ $\dfrac{1}{3}$ $\dfrac{1}{4}$	$\dfrac{1}{2}$ $\dfrac{1}{3}$ $\dfrac{1}{4}$	$\dfrac{1}{2}$ $\dfrac{1}{3}$ $\dfrac{1}{4}$
$\dfrac{1}{2}$ $\dfrac{1}{3}$ $\dfrac{1}{4}$	$\dfrac{1}{2}$ $\dfrac{1}{3}$ $\dfrac{1}{4}$	$\dfrac{1}{2}$ $\dfrac{1}{3}$ $\dfrac{1}{4}$

Colorier un demi

Colorie un demi de chaque groupe.

$\dfrac{1}{2}$ signifie l'une de 2 parties.

On a colorié un demi des cercles.

Colorie $\dfrac{1}{2}$ en vert.

Colorie $\dfrac{1}{2}$ en rouge.

Colorie $\dfrac{1}{2}$ en bleu.

Colorie $\dfrac{1}{2}$ en vert.

Colorie $\dfrac{1}{2}$ en rouge.

Colorie $\dfrac{1}{2}$ en bleu.

Suites de figures

Dans une **suite**, les figures se répètent. Les figures peuvent avoir différentes formes et tailles. Le **cœur** de la suite est le motif qui se répète.

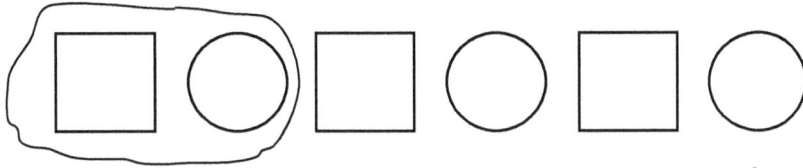

1. Encercle le cœur de chaque suite. Trace les figures suivantes.

   _____ _____ _____

   _____ _____ _____

   _____ _____ _____

   _____ _____ _____

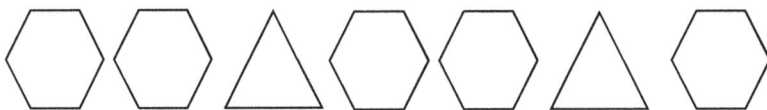   _____ _____ _____

Suites de figures (suite)

Encercle le cœur de chaque suite. Trace les figures suivantes.

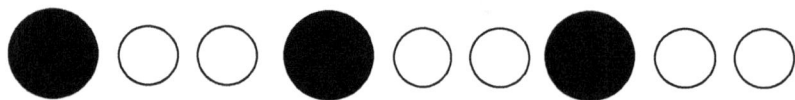

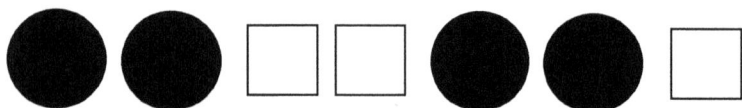

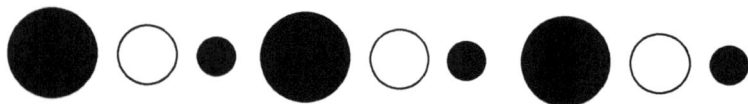

_____ _____ _____

_____ _____ _____

_____ _____ _____

_____ _____ _____

_____ _____ _____

_____ _____ _____

Lettres identifiant les éléments d'une suite

Identifie chaque élément de la suite avec une lettre. Encercle le cœur de la suite.

A   B   B   A   B   B   A

Crée ta propre suite.

Crée ta propre suite.

Créer des suites

Crée des suites de couleurs. Encercle le cœur de chaque suite.

Crée une suite de couleurs qui se suivent comme les lettres dans AB.

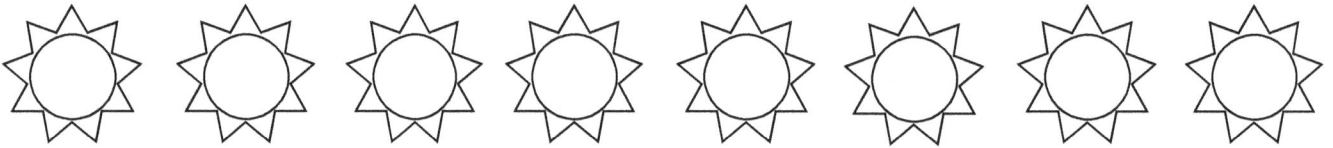

Crée une suite de couleurs qui se suivent comme les lettres dans ABC.

Crée une suite de couleurs qui se suivent comme les lettres dans AAB.

Crée une suite de couleurs qui se suivent comme les lettres dans ABBC.

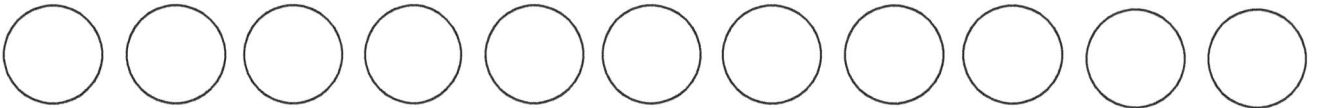

Crée une suite dans laquelle une figure change de taille.

_____ _____ _____ _____ _____ _____ _____

Crée une suite dans laquelle une figure change de position.

_____ _____ _____ _____ _____ _____ _____

Qu'est-ce qui vient ensuite?

Crée ta propre suite avec deux ou trois couleurs.

Colorie les boules de crème glacée. Puis continue la suite pour chaque cornet.

orange

rouge

brun

rose

vert

bleu

jaune

mauve

rouge

Figures en 2D

Trace les figures en reliant les points, puis trace toi-même les figures.

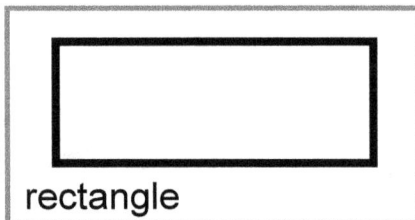

	Relie les points.	**Trace la figure.**
rectangle		
cercle		
triangle		
carré		
pentagone		
hexagone		

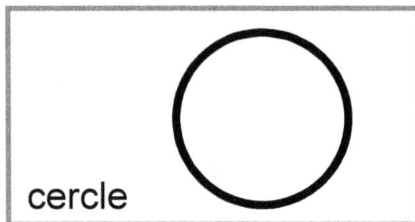

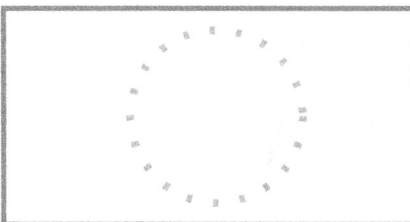

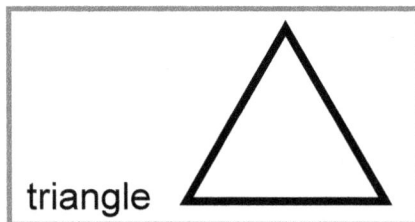

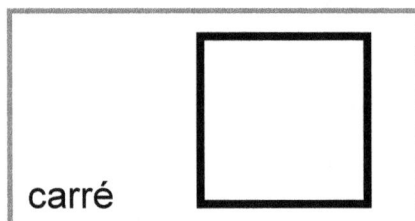

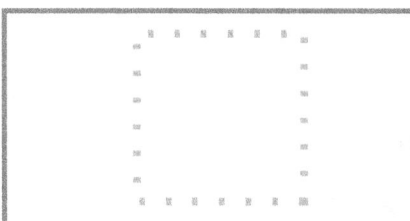

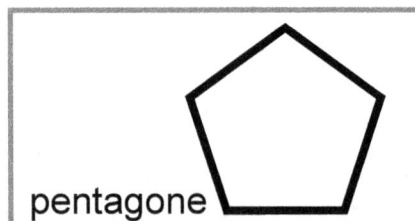

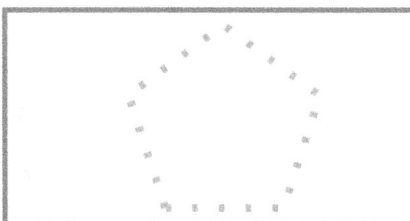

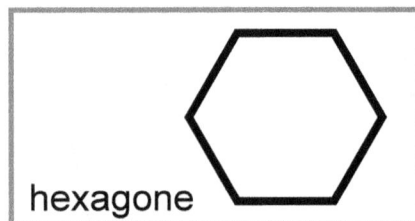

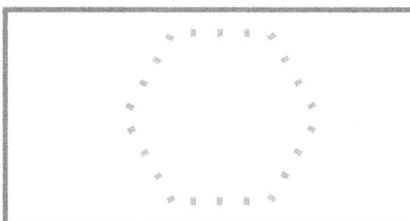

Association de figures en 2D

Relie chaque figure à son nom.

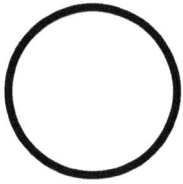

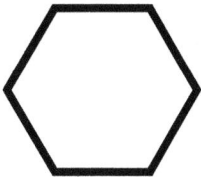

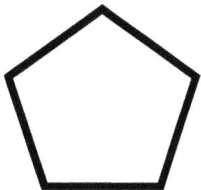

carré

pentagone

hexagone

triangle

cercle

rectangle

Quelles figures en 2D connais-tu?

Combien de côtés et de sommets a chaque figure?

	Nombre de côtés	Nombre de sommets
rectangle		
cercle		
triangle		
carré		
losange		
pentagone		

Dessiner avec des figures

Fais un dessin au moyen des différentes figures.

 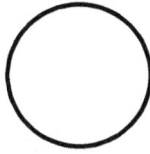 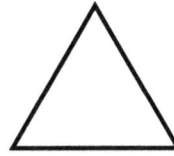 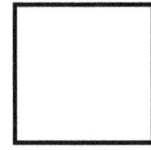

rectangle   cercle   triangle   carré

Tri de figures en 2D

Lis la règle de tri. Colorie les figures qui suivent la règle.

Figures qui ont des **sommets**

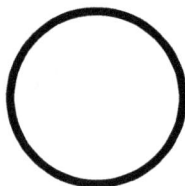

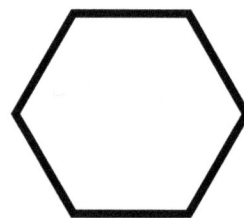

Figures qui ont **moins de 4 côtés**

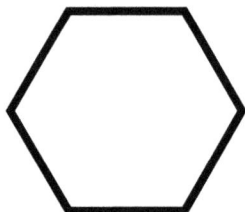

Figures qui ont **plus de 3 côtés**

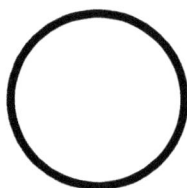

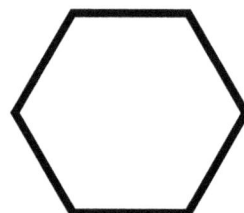

Figures qui ont **plus de 3 sommets**

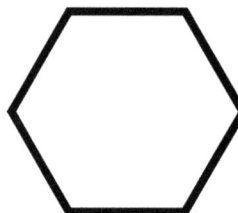

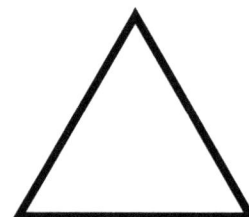

Symétrie

Les parties des deux côtés de **l'axe de symétrie** sont exactement pareilles. Elles ont la même forme et la même taille.

axe de symétrie

Trace un axe de symétrie, de façon que les deux parties soient exactement pareilles.

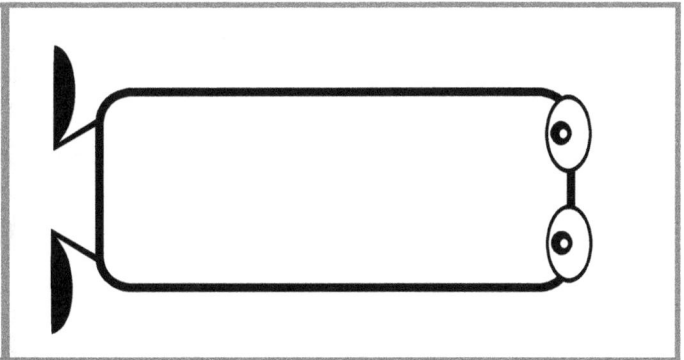

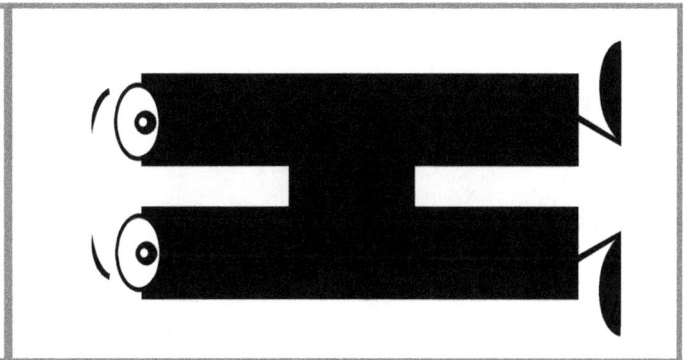

Figure symétrique

Trace l'autre moitié de la figure.

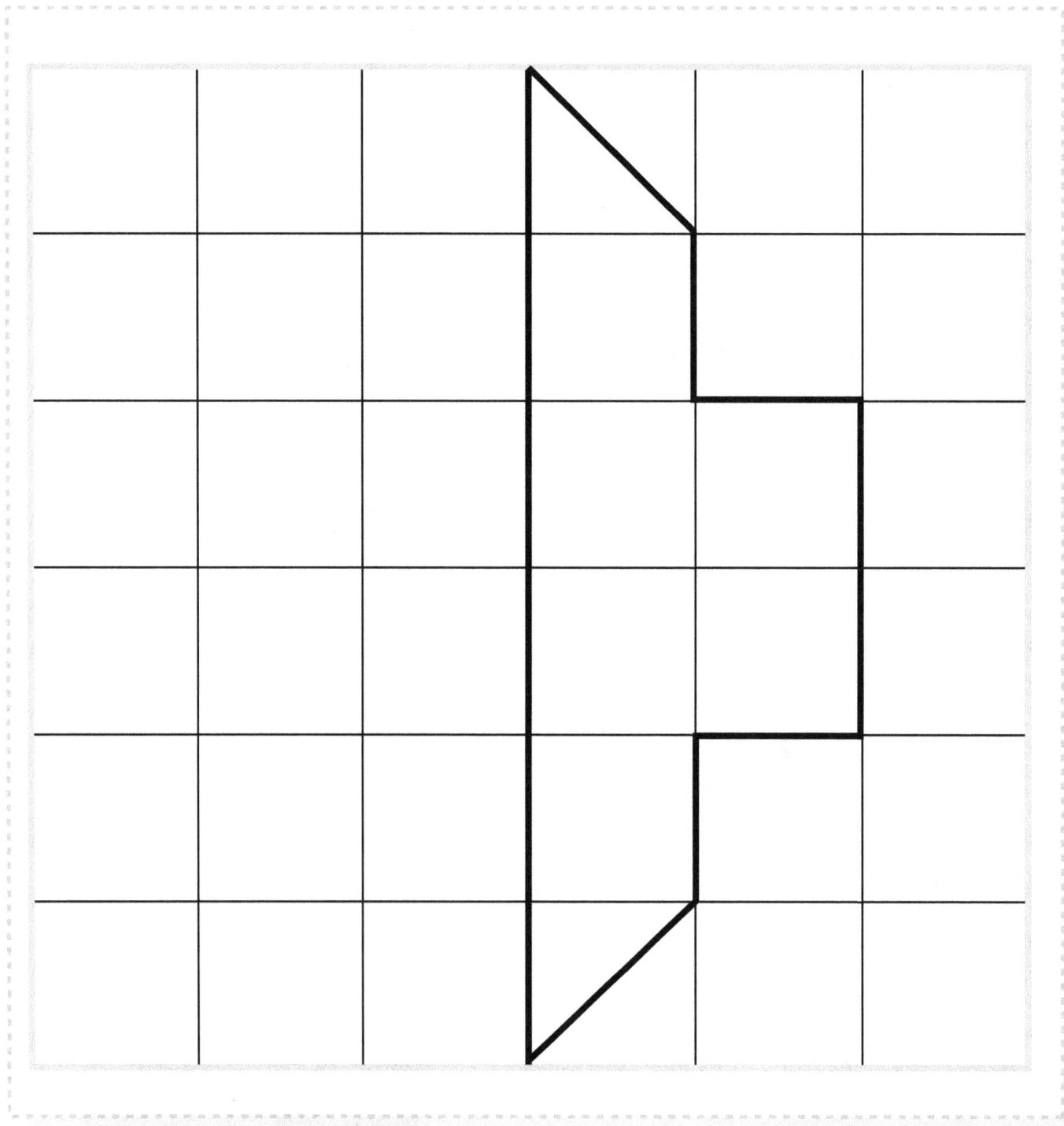

Association d'objets en 3D

Relie chaque objet en 3D à l'image qui lui ressemble.

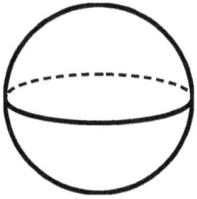 sphère

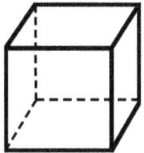 cube

 pyramide

 cône

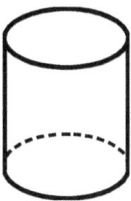 cylindre

prisme droit à base rectangulaire

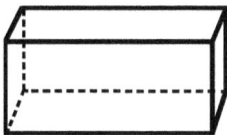

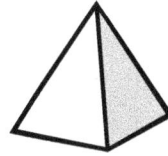

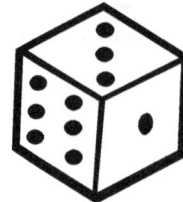

Tri d'objets en 3D

Lis la règle. Encercle les objets qui suivent la règle.

Encercle les objets qu'on **peut** faire rouler.

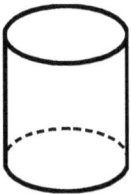

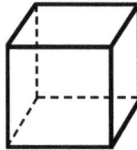

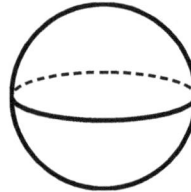

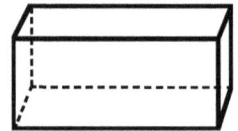

Encercle les objets qu'on **ne peut pas** faire rouler.

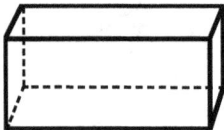

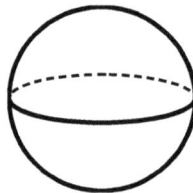

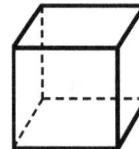

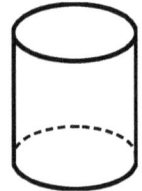

Encercle les objets qu'on **peut** empiler.

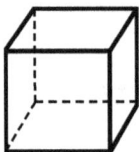

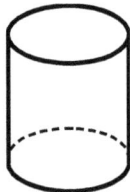

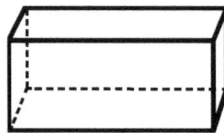

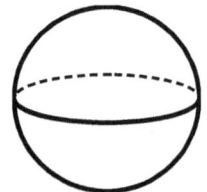

Encercle les objets qu'on **ne peut pas** empiler.

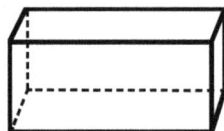

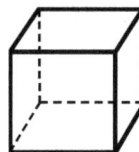

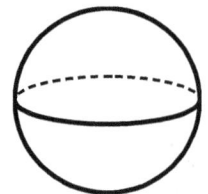

Suivre des consignes

Lis les consignes pour colorier l'image.

Colorie en noir l'oiseau **au-dessus** des pommes.

Colorie en jaune le soleil **au-dessus** de l'arbre.

Colorie en rouge les pommes **sous** l'oiseau.

Colorie en brun le chien **à côté** de l'arbre.

Colorie en vert les pommes **du côté gauche** de l'arbre.

Colorie en vert l'herbe **sous** l'arbre.

La petite aiguille

Une horloge a une petite aiguille qui indique l'heure.
Ici, il est 5 h.

Quelle heure est-il?

____ h

____ h

____ h

____ h

____ h

____ h

La grande aiguille

Une horloge a une petite aiguille qui indique l'heure.

Ici, il est **3 h.** Il y a 60 minutes dans une heure.

Une horloge a une grande aiguille qui indique les minutes.

Compte par intervalles de 5.
Ici, il est 3 h plus 30 minutes.
Il est **3 h 30.**

Quelle heure est-il?

_____

_____

_____

_____

Donner l'heure, à l'heure près

Écris l'heure, à l'heure près. Surligne la petite aiguille en bleu.
Surligne la grande aiguille en rouge.

_____ h

_____ h

_____ h

_____ h

_____ h

_____ h

_____ h

_____ h

_____ h

_____ h

_____ h

_____ h

Indiquer l'heure, à l'heure près

Trace les deux aiguilles sur chaque cadran pour indiquer l'heure.
Surligne la petite aiguille en bleu. Surligne la grande aiguille en rouge.

9 h

12 h

2 h

8 h

11 h

1 h

6 h

10 h

5 h

À quelle heure te couches-tu?

_____ h

Donner l'heure, à la demi-heure près

Écris l'heure, à la demi-heure près.
Surligne la petite aiguille en bleu. Surligne la grande aiguille en rouge.

_____ h _____

_____ h _____

_____ h _____

_____ h _____

_____ h _____

_____ h _____

_____ h _____

_____ h _____

_____ h _____

_____ h _____

_____ h _____

_____ h _____

Quelle heure est-il?

Encercle la bonne heure.
Surligne la petite aiguille en bleu. Surligne la grande aiguille en rouge.

4 h ou 4 h 30

10 h ou 10 h 30

3 h ou 3 h 30

11 h ou 11 h 30

3 h ou 3 h 30

8 h ou 8 h 30

7 h ou 7 h 30

5 h ou 5 h 30

12 h ou 12 h 30

2 h ou 2 h 30

4 h ou 4 h 30

9 h ou 9 h 30

Association des heures

Relie chaque horloge à l'heure qu'elle indique.
Surligne la petite aiguille en bleu. Surligne la grande aiguille en rouge.

   •   • 2 h

   •   • 7 h 30

   •   • 4 h

   •   • 11 h

Pièces de monnaie

Voici une pièce de 5 ¢ ou 5 cents.

¢ signifie cents

Voici une pièce de 10 ¢ ou 10 cents.

Voici une pièce de 25 ¢ ou 25 cents.

Voici une pièce de 1 $ ou 1 dollar, qui vaut 100 ¢ ou 100 cents.

$ signifie dollar

Voici une pièce de 2 $ ou 2 dollars, qui vaut 200 ¢ ou 200 cents.

Connais-tu les pièces de monnaie?

1. Relie chaque pièce de monnaie à sa valeur.

100 cents

25 cents

5 cents

200 cents

10 cents

Connais-tu les pièces de monnaie? (suite)

2. ▶ Encercle les pièces de 1 $ en rouge.   ▶ Encercle les pièces de 25 ¢ en vert.
   ▶ Encercle les pièces de 10 ¢ en bleu.   ▶ Encercle les pièces de 5 ¢ en jaune.
   ▶ Encercle les pièces de 2 $ en orange.

RÉFLÉCHIS BIEN

Combien de 1 $? _____   Combien de 5 ¢? _____

Combien de 10 ¢? _____   Combien de 25 ¢? _____

Combien de 2 $? _____

Addition de pièces de monnaie

Combien d'argent y a-t-il en tout?

+ = _____ ¢

+ + + = _____ cents

+ = _____ ¢

+ + = _____ cents

+ = _____ ¢

Soustraction de pièces de monnaie

Combien d'argent reste-t-il?

 –  = _____ cents

  –   = _____ ¢

   –  = _____ cents

  –    = _____ ¢

RÉFLÉCHIS BIEN

Dessine des pièces de monnaie pour t'aider à résoudre les problèmes.

Ali a deux pièces de 5 ¢. Il en trouve une autre. Combien d'argent a-t-il en tout?

_____ ¢

Sophia a trois pièces de 5 ¢. Elle en perd 1. Combien d'argent lui reste-t-il?

_____ ¢

Compter des pièces de 5 ¢

Compte par intervalles de 5 pour connaître la valeur totale.

_____ ¢ _____ ¢ _____ ¢ = _____ ¢

_____ ¢ _____ ¢ _____ ¢ _____ ¢ _____ ¢ _____ ¢ = _____ ¢

_____ ¢ _____ ¢ _____ ¢ _____ ¢ _____ ¢ = _____ ¢

_____ ¢ _____ ¢ _____ ¢ _____ ¢ = _____ ¢

_____ ¢ _____ ¢ _____ ¢ _____ ¢ _____ ¢ _____ ¢ _____ ¢ = _____ ¢

Compter des pièces de 10 ¢

Compte par intervalles de 10 pour connaître la valeur totale.

_____ ¢ _____ ¢ _____ ¢ _____ ¢ = _____ ¢

_____ ¢ _____ ¢ _____ ¢ _____ ¢ _____ ¢ _____ ¢ = _____ ¢

_____ ¢ _____ ¢ = _____ ¢

_____ ¢ _____ ¢ _____ ¢ _____ ¢ _____ ¢ _____ ¢ _____ ¢ = _____ ¢

RÉFLÉCHIS BIEN

Une pièce de 10 ¢ est égale à _____ pièces de 5 ¢.

Fais un dessin pour le prouver.

Comptoir de friandises

Combien coûte chaque friandise?

  ___ ¢

   ___ ¢

 ___ ¢

    ___ ¢

  ___ ¢

Mon poisson préféré

Les élèves de Mme Dubois ont fait un diagramme qui montre leurs poissons préférés.

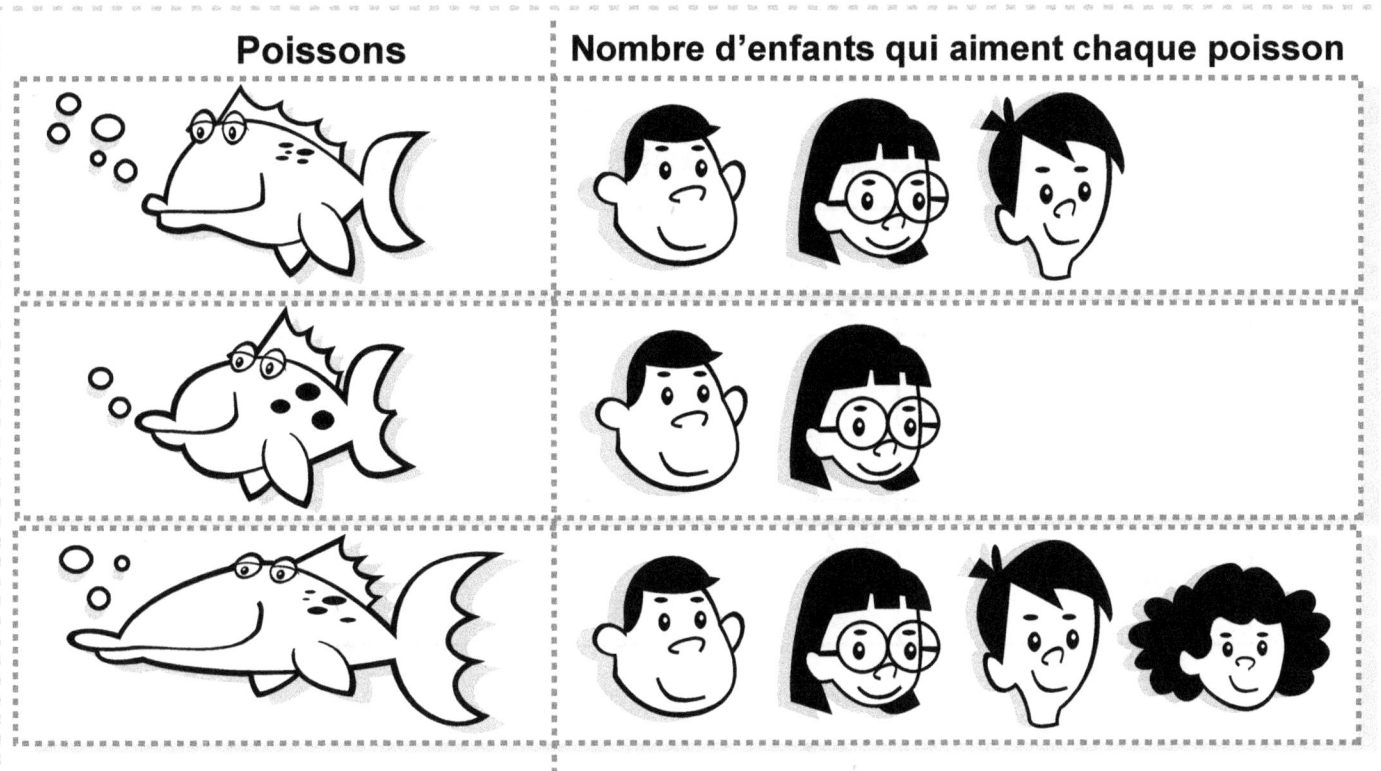

Poissons	Nombre d'enfants qui aiment chaque poisson

1. Combien d'enfants aiment le ? _____

2. Combien d'enfants aiment le ? _____

3. Combien d'enfants aiment le ? _____

4. Encercle le poisson **le plus** populaire.

Mon animal familier préféré

Les élèves de M. Martin ont fait un diagramme qui montre leurs animaux familiers préférés.

Animaux familiers préférés

1. Combien y en a-t-il? _____ _____ _____

2. Encercle l'animal le **plus** populaire.

3. Encercle l'animal **le moins** populaire.

© Chalkboard Publishing

Mon parfum de crème glacée préféré

Les élèves de Mme Coulombe ont fait un tableau des effectifs pour montrer leurs parfums de crème glacée préférés. Compte les traits.

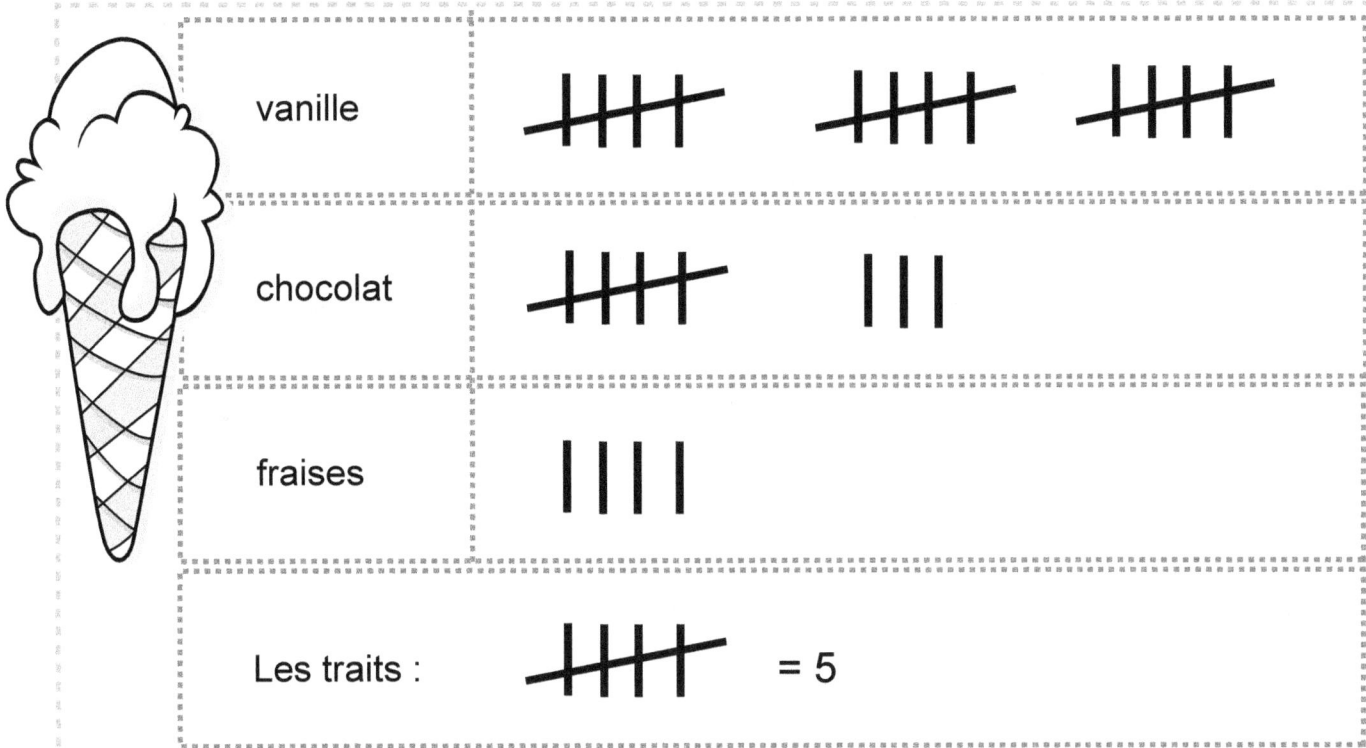

vanille	~~IIII~~ I ~~IIII~~ ~~IIII~~
chocolat	~~IIII~~ III
fraises	IIII

Les traits : ~~IIII~~ = 5

1. Combien d'enfants ont choisi
   la crème glacée à la vanille? _____

2. Combien d'enfants ont choisi
   la crème glacée au chocolat? _____

3. Combien d'enfants ont choisi
   la crème glacée aux fraises? _____

4. Quel parfum de crème glacée
   est **le plus** populaire? _____

5. Quel parfum de crème glacée
   est **le moins** populaire? _____

Quel temps fait-il?

Les élèves de M. Lavoie ont fait un diagramme pour montrer le temps qu'il a fait récemment.

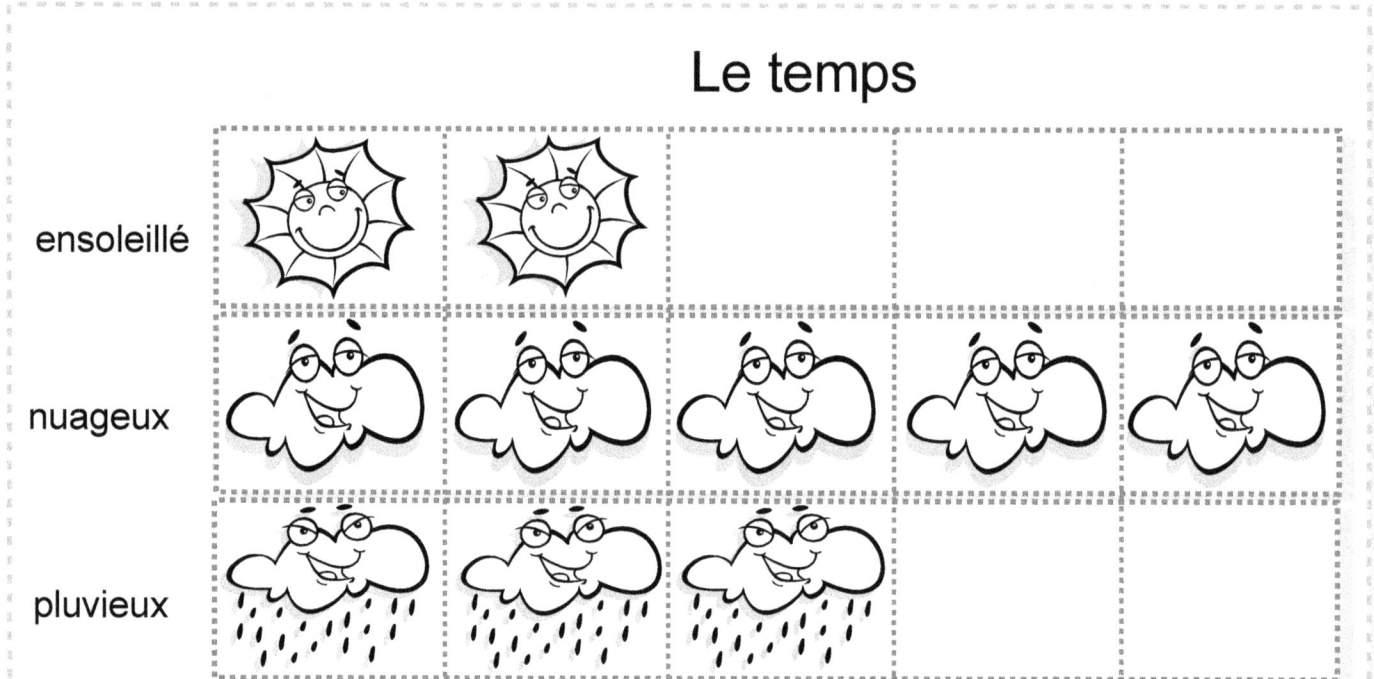

Le temps

ensoleillé	☀	☀			
nuageux	☁	☁	☁	☁	☁
pluvieux	🌧	🌧	🌧		

1. Combien de journées ☀ ? _____

2. Combien de journées ☁ ? _____

3. Combien de journées 🌧 ? _____

4. Quel temps a-t-il fait **le plus** souvent?

5. Quel temps a-t-il fait **le moins** souvent?

Du plus petit au plus grand

Écris les nombres 1, 2 et 3 pour ordonner les créatures, de la plus petite à la plus grande.

Du plus grand au plus petit

Écris les nombres 1, 2 et 3 pour ordonner les animaux, du plus grand au plus petit.

Mesurer, c'est amusant!

1. Compte les empreintes de pieds pour mesurer les créatures. Combien mesure chaque créature?

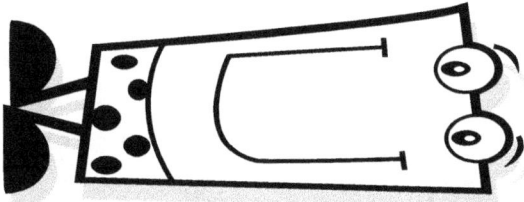

Mesurer, c'est amusant! (suite)

2. Écris la longueur en centimètres.

centimètres

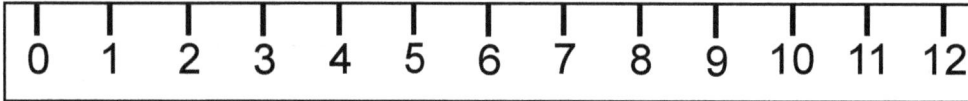

centimètres

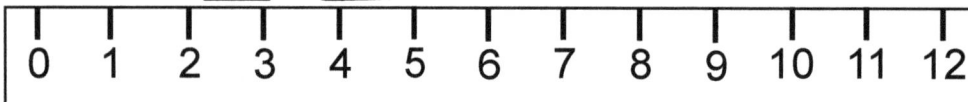

RÉFLÉCHIS BIEN

Combien de carrés mesure la chenille?
Encercle la réponse.

environ **3** carrés

environ **5** carrés

environ **7** carrés

Mesurer, c'est amusant! (suite)

3. Compte les étoiles pour mesurer les vaisseaux spatiaux.
Combien mesure chaque vaisseau spatial environ?

★ ★ ★ ★ ★ ★ ★ ★ ★   [   ] ★

★ ★ ★ ★ ★ ★ ★ ★ ★   [   ] ★

★ ★ ★ ★ ★ ★ ★ ★ ★   [   ] ★

★ ★ ★ ★ ★ ★ ★ ★ ★   [   ] ★

4. Combien de centimètres mesure chaque crayon?

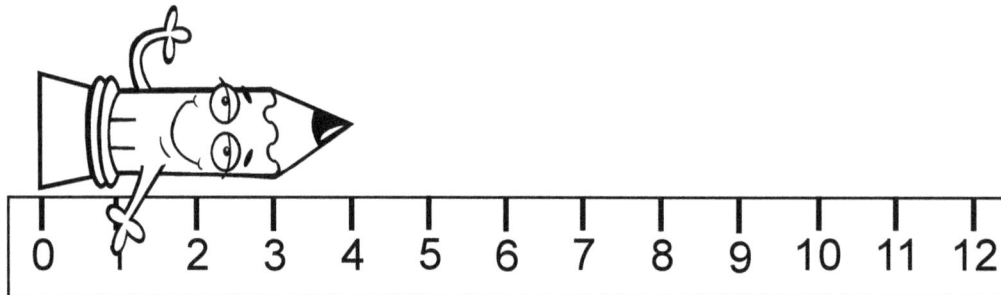

centimètres

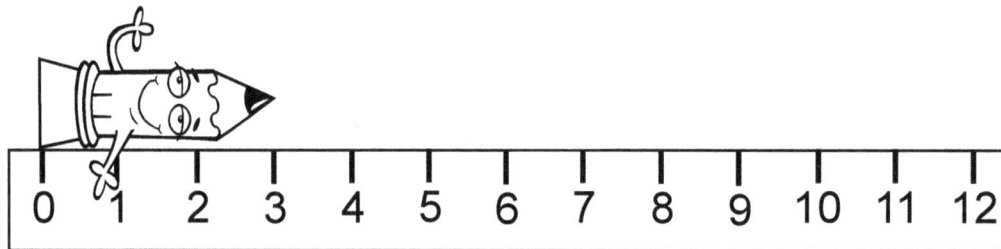

centimètres

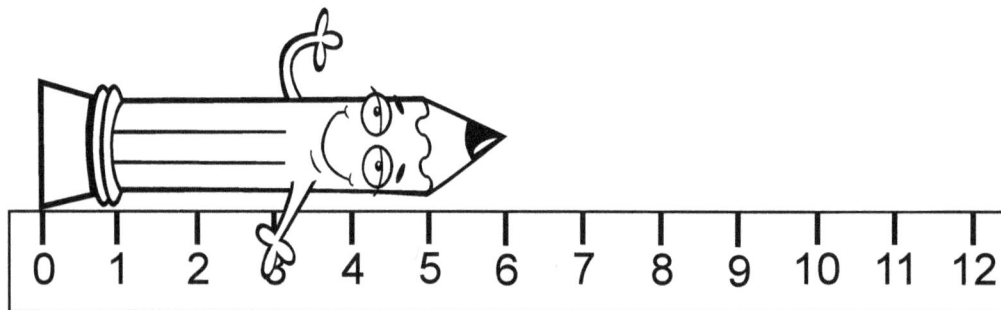

centimètres

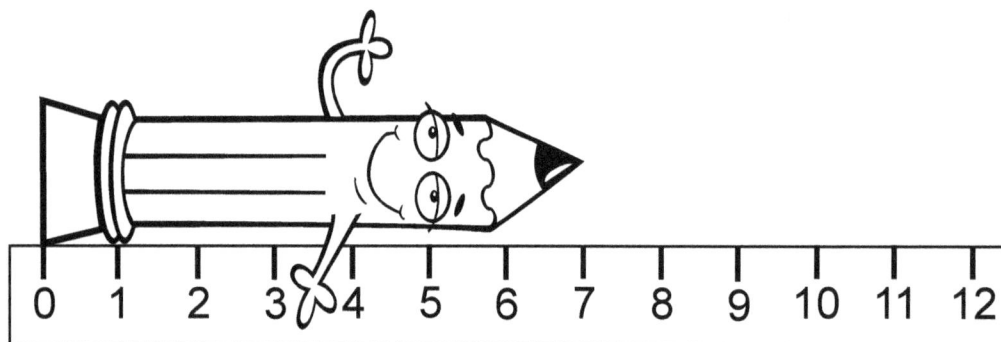

centimètres

Trouver la masse

1. Quelle est la masse de chaque créature? Compte les cubes pour le savoir.

_____ cubes

_____ cubes

_____ cubes

_____ cubes

2. Trace les cubes qui manquent pour que la masse soit la même des deux côtés.

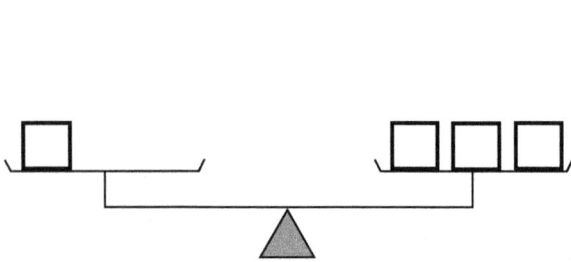

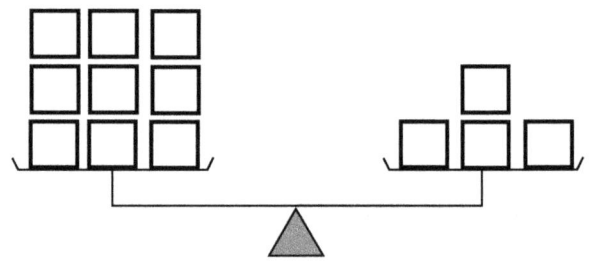

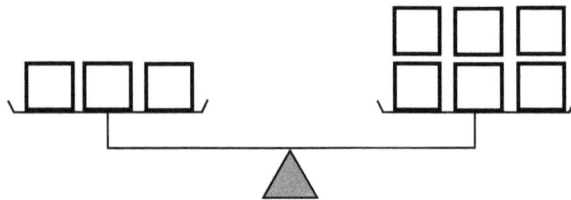

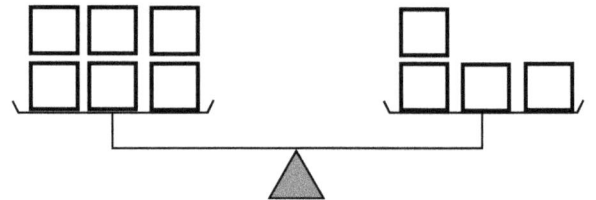

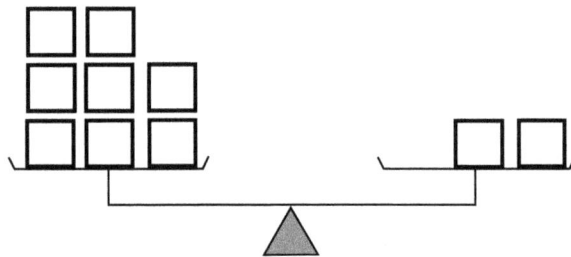

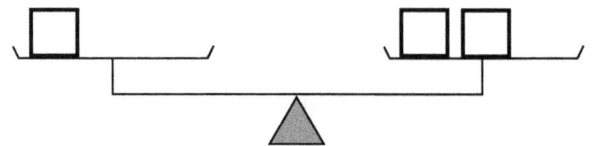

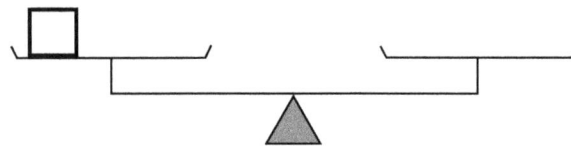

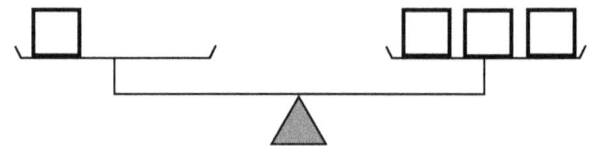

© Chalkboard Publishing

Excellent travail!

Tu es un as des maths!

Nombres en lettres p. 1-2

1. Les élèves tracent les nombres en chiffres et en lettres, de 1 à 5. Ils relient chaque nombre au nombre de jetons correspondant. **2.** Les élèves tracent les nombres en chiffres et en lettres, de 6 à 10. Ils relient chaque nombre au nombre de jetons correspondant.

Nombres p. 3

Les élèves tracent les nombres et dessinent le nombre de jetons correspondant à chacun : 9, 9 jetons; 4, 4 jetons; 7, 7 jetons; 8, 8 jetons; 2, 2 jetons, 5, 5 jetons, 10, 10 jetons

Compter jusqu'à 10 avec des cadres à 10 cases p. 4

9 jetons; 6 jetons; 5 jetons; 8 jetons; 1 jeton; 2 jetons; 7 jetons; 10 jetons; 3 jetons; 4 jetons

Comparer des nombres de 1 à 10 p. 5

4 c'est plus petit que 6; 10 c'est plus grand que 5; 7 c'est plus grand que 2; 4 c'est égal à 4; 8 c'est plus petit que 9; 3 c'est plus grand que 1

Nombres en chiffres et en lettres p. 6

Une ligne reliant le nombre au nombre en lettres correspondant : 2, deux; 3, trois; 4, quatre; 5, cinq; 6, six; 7, sept; 8, huit; 9, neuf; 10, dix; Réfléchis bien : Les élèves encerclent le mot « quatre ».

Les nombres en mots cachés p. 7

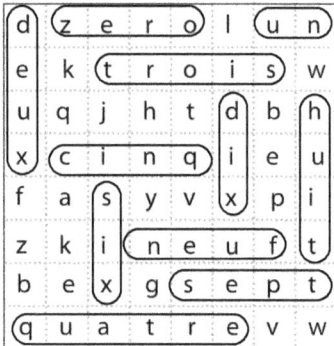

Compter, et écrire le nombre p. 8

Plus et moins p. 9-10

2. Cercle autour du groupe de 4; 4 c'est plus que 3. **3.** Cercle autour du groupe de 3; 3 c'est moins que 5. **4.** Cercle autour du groupe de 8; 8 c'est plus que 6. **5.** 6 cercles en tout; 4 carrés en tout; 4 triangles en tout; 3 cercles en tout

Compter jusqu'à 20 avec des cadres à 10 cases p. 11-14

1. 17 jetons; 15 jetons; 11 jetons; 18 jetons; 20 jetons; 16 jetons; 14 jetons; 12 jetons; 19 jetons

2. Premier cadre est plein, deuxième a 5 jetons; Premier cadre est plein, deuxième a 1 jeton; Premier cadre est plein, deuxième a 7 jetons; Premier cadre est plein, deuxième a 2 jetons. **3.** Deux cadres pleins; Premier cadre est plein, deuxième a 4 jetons; Premier cadre est plein; deuxième a 9 jetons; Premier cadre est plein, deuxième a 1 jeton. **4.** Premier cadre est plein, deuxième a 6 jetons; Premier cadre est plein, deuxième a 8 jetons; Premier cadre est plein, deuxième a 3 jetons; Premier cadre est plein, deuxième n'a aucun jeton

Compter de 1 à 20 p. 15

Les élèves relient les points de 1 à 20.

Ordonner des nombres p. 16

<u>3</u>, 4, 5; 13, 14, <u>15</u>; <u>15</u>, 16, <u>17</u>; 5, <u>6</u>, 7; 16, 17, <u>18</u>; 12, <u>13</u>, 14; <u>7</u>, 8, <u>9</u>; 15, 16, <u>17</u>; <u>16</u>, 17, 18; Réfléchis bien : Les élèves encerclent « 17 ».

Compter jusqu'à 50 p. 17

Les élèves relient les points de 1 à 50.

Compter jusqu'à 100 p. 18

7, 15, 19, 21, 24, 27, 30, 31, 42, 44, 46, 49, 53, 55, 58, 60, 62, 63, 65, 67, 76, 78, 84, 86, 91, 98, 99

Compter jusqu'à 100 par intervalles de 2 p. 19

Les élèves relient les points en comptant jusqu'à 100 par intervalles de 2. Les réponses varieront. Ex. : Ver; Réfléchis bien : 4, 6, 8, 10

Compter jusqu'à 100 par intervalles de 5 p. 20

Les élèves relient les points en comptant jusqu'à 100 par intervalles de 5. Les réponses varieront. Ex. : Homme dragon; Réfléchis bien : 10, 15, 20, 25

Nombres ordinaux jusqu'à 10 p. 21

1. Pour 1ᵉʳ et premier, souligner « er »; pour 1ʳᵉ et première, souligner « re »; pour les autres nombres, souligner « e »

2. a) **b)** **c)** **d)** troisième **e)** cinquième **f)** huitième **g)** deuxième; Réfléchis bien :

Groupes de 10 p. 22-23

2. 2; 3; 23 **3.** 1; 6; 16 **4.** 1; 3; 13 **5.** 2; 4; 24 **6.** 1; 9; 19

Dizaines et unités p. 24-25

1. <u>2</u> dizaines + <u>8</u> unités = <u>28</u> unités **2.** <u>1</u> dizaine + <u>5</u> unités = <u>15</u> unités **3.** <u>3</u> dizaines + <u>3</u> unités = <u>33</u> unités **4.** <u>4</u> dizaines + <u>7</u> unités = <u>47</u> unités **5.** <u>5</u> dizaines + <u>0</u> unité = <u>50</u> unités **6.** <u>2</u> dizaines + <u>1</u> unité = <u>21</u> unités **7.** <u>9</u> dizaines + <u>4</u> unités = <u>94</u> unités **8.** <u>3</u> dizaines + <u>5</u> unités = <u>35</u> unités **9.** <u>2</u> dizaines + <u>4</u> unités = <u>24</u> unités **10.** <u>4</u> dizaines + <u>5</u> unités = <u>45</u> unités **11.** <u>6</u> dizaines + <u>0</u> unité = <u>60</u> unités **12.** <u>1</u> dizaine + <u>8</u> unités = <u>18</u> unités; Réfléchis bien : Dessin de 2 dizaines et 3 unités; 23

Additions en images p. 26-28

1. 3 + 3 = 6 **2.** 3 + 4 = 7 **3.** 1 + 10 = 11 **4.** 2 + 3 = 5 **5.** 5 + 5 = 10 **6.** 7 + 4 = 11 **7.** 4 + 1 = 5 **8.** 5 + 6 = 11 **9.** 1 + 5 = 6 **10.** 8 + 4 = 12 **11.** 7 + 3 = 10 **12.** 2 + 4 = 6 **13.** 8 + 1 = 9 **14.** 6 + 3 = 9 **15.** 3 + 6 = 9 **16.** 6 + 4 = 10 **17.** 4 + 2 = 6 **18.** 5 + 1 = 6 **19.** 4 + 5 = 9 **20.** 4 + 4 = 8 **21.** 9 + 2 = 11 **22.** 1 + 7 = 8 **23.** 3 + 8 = 11 **24.** 7 + 5= 12

Ajouter 1 ou 2 en comptant normalement p. 29-30

1. 4; 3, <u>4</u>; 9, 7, <u>8</u>, <u>9</u>; 6, 5, <u>6</u>; 3, 1, <u>2</u>, <u>3</u>; 17, 16, <u>17</u>; 20, 18, <u>19</u>, <u>20</u>

2. 10, 9, <u>10</u>; 5, 3, <u>4</u>, <u>5</u>; 7, 6, <u>7</u>; 16, 14, <u>15</u>, <u>16</u>; 2, 1, <u>2</u>; 10, 8, <u>9</u>, <u>10</u>; 8, 7, <u>8</u>; 7, 5, <u>6</u>, <u>7</u>; 9, 8, <u>9</u>; 2, 0,<u>1</u>, <u>2</u>; 18, 17, <u>18</u>; 15, 13, <u>14</u>, <u>15</u>;

Additions de nombres pareils p. 31

1 + 1 = 2 **2.** 2 + 2 = 4 **3.** 3 + 3 = 6 **4.** 4 + 4 = 8 **5.** 5 + 5 = 10 **6.** 6 + 6 = 12

Additions avec une droite numérique p. 32-33

Remarque : Les élèves peuvent mettre un point au-dessus de l'un ou l'autre des termes de l'addition (commutativité).

1. 2 + 6 = <u>8</u>, point sur le 2, 6 bonds jusqu'à 8; 6 + 4 = <u>10</u>, point sur le 6, 4 bonds jusqu'à 10; 1 + 8 = <u>9</u>, point sur le 1, 8 bonds jusqu'à 9; 2 + 7 = <u>9</u>, point sur le 2, 7 bonds jusqu'à 9.

2. 0 + 5 = <u>5</u>, point sur le 0, 5 bonds jusqu'à 5; 7 + 2 = <u>9</u>, point sur le 7, 2 bonds jusqu'à 9; 5 + 1 = <u>6</u>, point sur le 5, 1 bond jusqu'à 6; 2 + 3 = <u>5</u>, point sur le 2, 3 bonds jusqu'à 5; 4 + 4 = <u>8</u>, point sur le 4, 4 bonds jusqu'à 8; 3 + 5 = <u>8</u>, point sur le 3, 5 bonds jusqu'à 8; 5 + 4 = <u>9</u>, point sur le 5, 4 bonds jusqu'à 9

On peut additionner dans n'importe quel ordre p. 34-35

1. 6 + 3 = <u>9</u>, 3 + 6 = <u>9</u>, un cadre montre 6 + 3, et l'autre, 3 + 6; 2 + 4 = <u>6</u>, 4 + 2 = <u>6</u>, un cadre montre 2 + 4, et l'autre, 4 + 2; 1 + 7 = <u>8</u>, 7 + 1 = <u>8</u>, un cadre montre 1 + 7, et l'autre, 7 + 1; 4 + 5 = <u>9</u>, 5 + 4 = <u>9</u>, un cadre montre 4 + 5, et l'autre 5 + 4; 8 + 2 = <u>10</u>,

2 + 8 = <u>10</u>, un cadre montre 8 + 2, et l'autre, 2 + 8 **2.** 6 + 4 = <u>10</u>, 4 + 6 = <u>10</u>, un cadre montre 6 + 4, et l'autre, 4 + 6; 7 + 2 = <u>9</u>, 2 + 7 = <u>9</u>, un cadre montre 7 + 2, et l'autre, 2 + 7; 3 + 4 = <u>7</u>, 4 + 3 = <u>7</u>, un cadre montre 4 + 3, et l'autre, 3 + 4; 1 + 9 = <u>10</u>, 9 + 1 = <u>10</u>, un cadre montre 1 + 9, et l'autre, 9 + 1; 1 + 2 = <u>3</u>, 2 + 1 = <u>3</u>, un cadre montre 1 + 2, et l'autre, 2 + 1; Ex. d'équation : 0 + 2 = <u>2</u>, 2 + 0= <u>2</u>, un cadre montre 0 + 2, et l'autre, 2 + 0

Faire une dizaine pour additionner p. 36

Dans chaque réponse, une dizaine doit être encerclée.

5 + 7 = 10 + <u>2</u> = <u>12</u>; 7 + 7 = 10 + <u>4</u> = <u>14</u>; 4 + 9 = 10 + <u>3</u> = <u>13</u>; 5 + 8 = 10 + 3 = <u>13</u>; 9 + 6 = 10 + 5 = <u>15</u>

Équations d'additions p. 37-38

Vérifiez que, pour chaque groupe d'additions, les équations sont correctes et les cubes sont coloriés correctement.

Exemples :

1. 1 + 3 = 4, 2 + 2 = 4, 4 + 0 = 4; 2 + 5 = 7, 5 + 2 = 7, 3 + 4 = 7; 1 + 8 = 9, 2 + 7 = 9, 3 + 6 = 9; 10 + 1 = 11, 9 + 2 = 11, 3 + 8 = 11 **2.** 2 + 8 = 10, 3 + 7 = 10, 4 + 6 = 10; 1 + 5 = 6, 2 + 4 = 6, 3 + 3 = 6; 4 + 8 = 12, 5 + 7 = 12, 6 + 6 = 12; 2 + 6 = 8, 4 + 4 = 8, 5 + 3 = 8

Soustractions en images p. 39-41

2. 2 − 1 = 1 **3.** 5 − 3 = 2 **4.** 8 − 1 = 7 **5.** 8 − 4 = 4 **6.** 7 − 1 = 6 **7.** 6 − 2 = 4 **8.** 6 − 3 = 3 **9.** 10 − 2 = 8 **10.** 12 − 4 = 8 **11.** 4 − 1 = 3 **12.** 8 − 2 = 6 **13.** 8 − 7 = 1 **14.** 7 − 2 = 5 **15.** 6 − 1 = 5 **16.** 8 − 4 = 4 **17.** 10 − 5 = 5 **18.** 12 − 5 = 7 **19.** 4 − 2 = 2 **20.** 8 − 6 = 2 **21.** 11 − 3 = 8 **22.** 7 − 3 = 4 **23.** 6 − 2 = 4 **24.** 8 − 5 = 3

Enlever 1 ou 2 en comptant à rebours p. 42-43

1. 8; 9, <u>8</u>; 6, 8, <u>7</u>, <u>6</u>; 6, 7, <u>6</u>; 2, 4, <u>3</u>, <u>2</u>; 4, 5, <u>4</u>; 4, 6, <u>5</u>, <u>4</u>; 17, 18, <u>17</u>; 15, 17, <u>16</u>, <u>15</u> **2.** 3, 4, <u>3</u>; 7, 9, <u>8</u>, <u>7</u>; 1, 2, <u>1</u>; 8, 10, <u>9</u>, <u>8</u>; 5, 6, <u>5</u>; 5, 7, <u>6</u>, <u>5</u>; 7, 8, <u>7</u>; 10, 12, <u>11</u>, <u>10</u>; 12, 13, <u>12</u>; 1, 3, <u>2</u>, <u>1</u>; 14, 15, <u>14</u>; 9, 11, <u>10</u>, <u>9</u>; 11, 12, <u>11</u>; 17, 19, <u>18</u>, <u>17</u>

Soustractions avec une droite numérique p. 44-45

1. 9 − 6 = <u>3</u>, point sur le 9, 6 bonds arrière jusqu'à 3; 6 − 3 = <u>3</u>, point sur le 6, 3 bonds arrière jusqu'à 3; 4 − 2 = <u>2</u>, point sur le 4, 2 bonds arrière jusqu'à 2; 7 − 1 = <u>6</u>, point sur le 7, 1 bond arrière jusqu'à 6. **2.** 9 − 5 = <u>4</u>, point sur le 9, 5 bonds arrière jusqu'à 4; 5 − 3 = <u>2</u>, point sur le 5, 3 bonds arrière jusqu'à 2; 7 − 2 = <u>5</u>, point sur le 7, 2 bonds arrière jusqu'à 5; 8 − 1 = <u>7</u>, point sur le 8, 1 bond arrière jusqu'à 7; 10 − 4 = <u>6</u>, point sur le 10, 4 bonds arrière jusqu'à 6; 3 − 3 = <u>0</u>, point sur le 3, 3 bonds arrière jusqu'à 0; 9 − 8 = <u>1</u>, point sur le 9, 8 bonds arrière jusqu'à 1

Équations de soustractions p. 46-47

1. Vérifiez que, pour chaque groupe de soustractions, les équations sont correctes et les cubes sont coloriés correctement. Exemples : 9 - 4 = 5 (4 cubes barrés et 5 cubes coloriés), 9 - 5 = 4 (5 cubes barrés et 4 cubes coloriés), 9 - 7 = 2 (7 cubes barrés et 2 cubes coloriés); 6 - 4 = 2 (4 cubes barrés et 2 cubes coloriés), 6 - 5 = 1 (5 cubes barrés et 1 cube colorié), 6 - 3 = 3 (3 cubes barrés et 3 cubes coloriés); 4 - 3 = 1 (4 cubes barrés et 1 cube colorié), 4 - 2 = 2 (4 cubes barrés et 2 cubes coloriés), 4 - 0 = 4 (0 cube barré et 4 cubes coloriés); 10 - 4 = 6 (4 cubes barrés et 6 cubes coloriés), 10 - 5 = 5 (5 cubes barrés et 5 cubes coloriés), 10 - 7 = 3 (7 cubes barrés et 3 cubes coloriés) **2.** 7 - 4 = 3 (4 cubes barrés et 3 cubes coloriés), 7 - 5 = 2 (5 cubes barrés et 2 cubes coloriés), 7 - 7 = 0 (7 cubes barrés et aucun cube colorié); 5 - 4 = 1 (4 cubes barrés et 1 cube colorié), 5 - 2 = 3 (2 cubes barrés et 3 cubes coloriés), 5 - 3 = 2 (3 cubes barrés et 2 cubes coloriés); 8 - 4 = 4 (4 cubes barrés et 4 cubes coloriés), 8 - 5 = 3 (5 cubes barrés et 3 cubes coloriés), 8 - 7 = 1 (7 cubes barrés et 1 cube colorié); 12 - 4 = 8 (4 cubes barrés et 8 cubes coloriés), 12 - 5 = 7 (5 cubes barrés et 7 cubes coloriés), 12 - 7 = 5 (7 cubes barrés et 5 cubes coloriés)

Sommes jusqu'à 5 p. 48-49

1. Vérifiez que les élèves ont colorié l'image correctement. 4 + 1 = 5; 3 + 1 = 4; 1 + 1 = 2; 2 + 0 = 2; 5 + 0 = 5; 2 + 3 = 5; 1 + 3 = 4; 0 + 1 = 1; 0 + 5 = 5; 2 + 2 = 4; 1 + 4 = 5; 2 + 1 = 3; 1 + 0 = 1; 3 + 2 = 5; 4 + 0 = 4; 0 + 4 = 4; 0 + 0 = 0; 0 + 2 = 2 **2.** 4 + 1 = 5; 2 + 2 = 4; 0 + 2 = 2; 5 + 0 = 5; 0 + 4 = 4; 0 + 3 = 3; 3 + 2 = 5; 1 + 3 = 4; 3 + 0 = 3; 4 + 0 = 4; 1 + 4 = 5; 2 + 3 = 5; 1 + 1 = 2; 0 + 1 = 1; 2 + 1 = 3; 3 + 1 = 4; 1 + 0 = 1; 1 + 2 = 3

Sommes jusqu'à 10 p. 50-54

1. Vérifiez que les élèves ont colorié l'image correctement. 2 + 1 = 3; 1 + 2 = 3; 3 + 6 = 9; 5 + 2 = 7; 6 + 0 = 6; 0 + 3 = 3; 3 + 4 = 7; 1 + 1 = 2; 1 + 0 = 1; 2 + 2 = 4; 1 + 5 = 6; 4 + 4 = 8; 3 + 1 = 4; 2 + 3 = 5; 4 + 1 = 5; 2 + 5 = 7; 6 + 1 = 7; 3 + 7 = 10 **2.** 3 + 1 = 4; 1 + 1 = 2; 5 + 2 = 7; 0 + 1 = 1; 5 + 0 = 5; 2 + 3 = 5; 1 +2 = 3; 0 + 7 = 7; 3 + 4 = 7; 4 + 3 = 7; 4 + 2 = 6; 7 + 3 = 10; 3 + 5 = 8; 2 + 5 = 7; 6 + 1 = 7; 4 + 1 = 5; 2 + 2 = 4; 4 + 5 = 9; Réfléchis bien : 10 **3.** 5 + 5 = 10; 2+ 6 = 8; 8 + 2 = 10; 2 + 2 = 4; 8 + 1 = 9; 3 + 3 = 6; 4 + 4 = 8; 1 + 3 = 4; 3 + 6 = 9; 2 + 3 = 5; 2 + 5 = 7; 1 + 5 = 6; 9 + 1 = 10; 1 + 4 = 5; 5 + 4 = 9; 4 + 3 = 7; 2 + 8 = 10; 7 + 1 = 8; Réfléchis bien : 4 + 2 + 3 = 9; 5 + 1 + 2 = 8 **4.** 7 + 1 = 8; 5 + 1 = 6; 5 + 2 = 7; 8 + 2 = 10; 5 + 3 = 8; 2 + 3 = 5; 1 + 4 = 5; 6 + 4 = 10; 1 + 3 = 4; 4 + 2 = 6; 9 + 1 = 10; 2 + 2 = 4; 6 + 2 = 8; 2 + 1 = 3; 8 + 1 = 9; 3 + 2 = 5; 7 + 2 = 9; 1 + 9 = 10; Réfléchis bien : 1 + 7 + 1 = 9; 3 + 5 + 1 = 9 **5.** 5 + 4 = 9; 2+ 6 = 8; 7 + 3 = 10; 2 + 4 = 6; 6 + 1 = 7; 3 + 7 = 10; 4 + 5 = 9; 4 + 3 = 7; 6 + 3 = 9; 2 + 5 = 7; 1 + 5 = 6; 4 + 4 = 8; 1 + 1 = 2; 5 + 5 = 10; 2 + 1 = 3; 2 + 8 = 10; 3 + 3 = 6; 3 + 1 = 4; Réfléchis bien : 8 + 1 + 0 = 9; 2 + 2 + 4 = 8

Sommes jusqu'à 20 p. 55

6 + 6 = 12; 9 + 4 = 13; 10 + 2 = 12; 8 + 6 = 14; 11 + 3 = 14; 9 + 2 = 11; 15 + 0 = 15; 12 + 3 = 15; 8 + 7 = 15; 7 + 7 = 14; 10 + 10 = 20; 9 + 10 = 19; 11 + 1 = 12; 10 + 4 = 14; 4 + 7 = 11; 9 + 5 = 14; 6 + 7 = 13; 9 + 9 = 18; 8 + 5 = 13; 10 + 3 = 13

Association addition/somme p. 56

Une ligne reliant l'addition à sa somme : 3 + 5, 8; 1 + 0, 1; 2 + 2, 4; 4 + 2, 6; 5 + 5, 10; 2 + 1, 3; 8 + 3, 11; 6 + 6, 12; 7 + 2, 9; 5 + 2, 7; 1 + 1, 2; 3 + 2, 5

Problèmes sous forme d'histoires p. 57-58

1. 3 + 2 = 5; 4 + 1 = 5; 2 + 5 = 7 **2.** 4 + 3 = 7; 5 + 1 = 6; 2 + 2 = 4

Différences de 0 à 5 p. 59-60

1. Vérifiez que les élèves ont colorié l'image correctement. 4 – 3 = 1; 3 – 1 = 2; 5 – 4 = 1; 2 – 2 = 0; 2 – 0 = 2; 3 – 3 = 0; 3 – 2 = 1; 1 – 1 = 0; 4 – 0 = 4; 5 – 1 = 4; 1 – 0 = 1; 4 – 4 = 0; 4 – 2 = 2; 2 – 1 = 1; 4 – 1 = 3; 5 – 2 = 3; 5 – 5 = 0; 3 – 0 = 3 **2.** 4 – 1 = 3; 5 – 2 = 3; 3 – 3 = 0; 3 – 2 = 1; 5 – 0 = 5; 1 – 1 = 0; 2 – 0 = 2; 5 – 3 = 2; 5 – 4 = 1; 4 – 0 = 4; 4 – 2 = 2; 2 – 1 = 1; 4 – 3 = 1; 5 – 1 = 4; 4 – 4 = 0; 1 – 0 = 1; 3 – 1 = 2; 5 – 5 = 0; Réfléchis bien : 5 – 1 – 2 = 2; 4 – 1 – 2 = 1

Différences de 0 à 10 p. 61-63

1. Vérifiez que les élèves ont colorié l'image correctement. 5 – 2 = 3; 9 – 6 = 3; 1 – 0 = 1; 4 – 2 = 2; 6 – 1 = 5; 3 – 2 = 1; 6 – 4 = 2; 4 – 3 = 1; 6 – 3 = 3; 6 – 0 = 6; 9 – 5 = 4; 3 – 1 = 2; 7 – 5 = 2; 5 – 4 = 1; 5 – 5 = 0; 7 – 4 = 3; 7 – 6 = 1; 2 – 1 = 1 **2.** 6 – 2 = 4; 8 – 6 = 2; 10 – 5 = 5; 10 – 2 = 8; 9 – 2 = 7; 3 – 3 = 0; 10 – 9 = 1; 3 – 0 = 3; 7 – 1 = 6; 8 – 4 = 4; 9 – 3 = 6; 6 – 5 = 1; 10 – 7 = 3; 4 – 4 = 0; 6 – 2 = 4; 7 – 2 = 5; 4 – 1 = 3; 5 – 1 = 4; Réfléchis bien : 10 – 6 – 1 = 3; 10 – 5 – 2 = 3 **3.** 5 – 0 = 5; 9 – 7 = 2; 6 – 6 = 0; 10 – 4 = 6; 8 – 2 = 6; 10 – 3 = 7; 10 – 8 = 2; 4 – 0 = 4; 6 – 3 = 3; 10 – 1 = 9; 8 – 5 = 3; 2 – 0 = 2; 7 – 3 = 4; 10 – 6 = 4; 5 – 3 = 2; 9 – 8 = 1; 8 – 3 = 5; 7 – 7 = 0

Différences de 0 à 20 p. 64

9 – 4 = 5; 14 – 2 = 12; 12 – 8 = 4; 11 – 5 = 6; 13 – 2 = 11; 10 – 0 = 10; 13 – 1 = 12; 11 – 6 = 5; 15 – 2 = 13; 20 – 3 = 17; 18 – 9 = 9; 16 – 2 = 14; 11 – 4 = 7; 16 – 8 = 8; 12 – 9 = 3; 18 – 8 = 10; 14 – 7 = 7; 12 – 6 = 6; 20 – 10 = 10; 15 – 4 = 11

Problèmes sous forme d'histoires p. 65–66

1. 8 – 3 = 5; 7 – 4 = 3; 9 – 3 = 6 **2.** 6 – 2 = 4; 3 – 1 = 2; 5 – 4 = 1

Association soustraction/différence p. 67

Une ligne reliant la soustraction à sa différence : 12 – 6, 6; 7 – 3, 4; 10 – 2, 8; 6 – 5, 1; 9 – 6, 3; 5 – 3, 2; 9 – 4, 5; 8 – 1, 7; 10 – 1, 9; 11 – 0, 11; 1 – 1, 0; 10 – 0, 10

Parties égales p. 68

Un cercle autour de chaque figure qui indique deux parties égales : Vérifiez qu'une des parties a été coloriée.

Nomme la fraction p. 69

Un cercle autour de la bonne fraction : $\frac{1}{3}$; $\frac{1}{2}$; $\frac{1}{3}$; $\frac{1}{4}$; $\frac{1}{2}$; $\frac{1}{3}$; $\frac{1}{4}$; $\frac{1}{4}$; $\frac{1}{4}$; $\frac{1}{3}$; $\frac{1}{2}$

Colorier la moitié p. 70

1 créature coloriée en vert; 2 créatures coloriées en rouge; 4 créatures coloriées en bleu; 3 créatures coloriées en vert; 5 créatures coloriées en rouge; 6 créatures coloriées en bleu

Suites de figures p. 71-72

1. Vérifiez que les élèves ont bien prolongé la suite.

2. Vérifiez que les élèves ont bien prolongé la suite.

Lettres identifiant les éléments d'une suite p. 73

Suite AB : Suite ABB : Les suites des élèves varieront. Ex. : Suite ABA

Créer des suites p. 74

Vérifiez que les élèves colorient correctement chaque suite et en encercle le cœur. Ex. :

Exemple de tailles différentes : Suite ABC

Exemple de changement de position : Suite ABC

Qu'est-ce qui vient ensuite? p. 75

Vérifiez que les élèves colorient et prolongent chaque suite correctement.

Figures en 2D p. 76

Les élèves relient les points et tracent chaque figure.

Association de figures en 2D p. 77

Une ligne reliant chaque figure à son nom : (par ordre de figures) rectangle, cercle, triangle, carré, hexagone, pentagone

Quelles figures en 2D connais-tu? p. 78

rectangle : 4 côtés, 4 sommets; cercle : 0 côté, 0 sommet; triangle : 3 côtés, 3 sommets; carré : 4 côtés, 4 sommets; losange : 4 côtés, 4 sommets; pentagone : 5 côtés, 5 sommets

Dessiner avec des figures p. 79

Vérifiez que les dessins des élèves comprennent ces figures : rectangle, cercle, triangle et carré

Tri de figures en 2D p. 80

Vérifiez que les élèves ont colorié les figures appropriées selon la règle. Figures qui ont des sommets : rectangle, triangle, hexagone; figures qui ont moins de 4 côtés : triangle, triangle équilatéral; figures qui ont plus de 3 côtés : carré, rectangle, hexagone; figures qui ont plus de 3 sommets : carré, hexagone

Symétrie p. 81

Vérifiez que les élèves ont tracé correctement l'axe de symétrie de chaque figure :

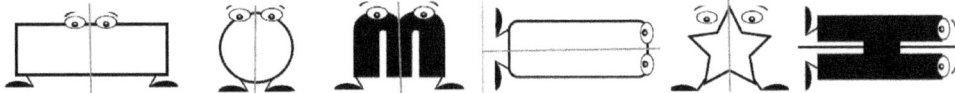

Figure symétrique p. 82

Vérifiez que les élèves ont donné à leur moitié de la figure la même taille et la même forme que l'autre moitié.

Association d'objets en 3D p. 83

Une ligne reliant la figure à l'objet semblable : (par ordre des figures) sphère (balle); cube (dé); pyramide (pyramide); cône (cornet); cylindre (cannette); prisme droit à base rectangulaire (cadeau)

Tri d'objets en 3D p. 84

Vérifiez que les élèves ont encerclé correctement les objets qui suivent chaque règle. Objets qu'on peut faire rouler : cylindre, sphère; objets qu'on ne peut pas faire rouler : prisme, pyramide, cube; objets qu'on peut empiler : cube, cylindre, prisme; objets qu'on ne peut pas empiler : cône, sphère

Suivre des consignes p. 85

Vérifiez que les élèves ont colorié correctement l'image en suivant les consignes.

La petite aiguille p. 86

4 h; 2 h; 8 h; 10 h; 6 h; 1 h

La grande aiguille p. 87

9 h; 9 h 30; 7 h 30; 1 h 30

Donner l'heure, à l'heure près p. 88

Vérifiez que les élèves ont bien surligné la petite aiguille en bleu et la grande aiguille en rouge.

3 h; 10 h; 5 h; 1 h; 2 h; 11 h; 6 h; 12 h; 8 h; 4 h; 7 h; 9 h

Indiquer l'heure, à l'heure près p. 89

Vérifiez que les élèves ont dessiné 2 aiguilles sur chaque cadran, et qu'ils ont surligné la petite aiguille en bleu et la grande aiguille en rouge.

Les heures du coucher varieront. Ex. : 8 h 30

Donner l'heure, à la demi-heure près p. 90

Vérifiez que les élèves ont surligné la petite aiguille en bleu et la grande aiguille en rouge. 5 h 30; 10 h 30; 11 h 30; 8 h 30; 4 h 30; 7 h 30; 3 h 30; 2 h 30; 12 h 30; 9 h 30; 1 h 30; 6 h 30

Quelle heure est-il? p. 91

Un cercle autour de la bonne heure : 4 h; 10 h 30; 3 h 30; 11 h; 3 h; 8 h; 7 h 30; 5 h; 12 h 30; 2 h; 4 h 30; 9 h 30

Association des heures p. 92

Une ligne reliant l'horloge à l'heure qu'elle indique (par ordre d'horloges) : 4 h; 11 h; 7 h 30; 2 h

Pièces de monnaie p. 93

5 ¢; 10 ¢; 25 ¢; 1 $; 2 $

Connais-tu les pièces de monnaie? p. 94-95

1. Une ligne reliant la pièce de monnaie à sa valeur : 100 cents, pièce de 1 $; 25 cents, pièce de 25 ¢; 5 cents, pièce de 5 ¢; 200 cents, pièce de 2 $; 10 cents, pièce de 10 ¢

2. Vérifiez que les élèves ont encerclé correctement les pièces. Réfléchis bien : 6 pièces de 1 $; 13 pièces de 5 ¢; 10 pièces de 10 ¢; 11 pièces de 25 ¢; 6 pièces de 2 $

Addition de pièces de monnaie p. 96

10 ¢; 20 cents; 20 ¢; 20 cents; 15 ¢

Soustraction de pièces de monnaie p. 97

5 cents; 10 ¢; 5 cents; 5 ¢. Réfléchis bien : Pièces dessinées : 2 pièces de 5 ¢ + 1 autre pièce de 5 ¢, 15 ¢; 3 pièces de 5 ¢ dont une a été barrée, 10 ¢

Compter des pièces de 5 ¢ p. 98

5 ¢, 10 ¢, 15 ¢, = 15 ¢; 5 ¢, 10 ¢, 15 ¢, 20 ¢, 25 ¢, 30 ¢, = 30 ¢; 5 ¢, 10 ¢, 15 ¢, 20 ¢, 25 ¢, = 25 ¢; 5 ¢, 10 ¢, 15 ¢, 20 ¢, = 20 ¢; 5 ¢, 10 ¢, 15 ¢, 20 ¢, 25 ¢, 30 ¢, 35 ¢, = 35 ¢

Compter des pièces de 10 ¢ p. 99

10 ¢, 20 ¢, 30 ¢, 40 ¢, = 40 ¢; 10 ¢, 20 ¢, 30 ¢, 40 ¢, 50 ¢, 60 ¢, = 60 ¢; 10 ¢, 20 ¢, = 20 ¢; 10 ¢, 20 ¢, 30 ¢, 40 ¢, 50 ¢, 60 ¢, 70 ¢, = 70 ¢; Réfléchis bien : 2; dessin montrant 1 pièce de 10 ¢ et 2 pièces de 5 ¢, puis une équation, 5 ¢ + 5 ¢ = 10 ¢

Comptoir de friandises p. 100

15 ¢; 20 ¢; 10 ¢; 15 ¢; 25 ¢,

Mon poisson préféré p. 101

1. 3 enfants **2.** 2 enfants **3.** 4 enfants **4.**

Mon animal familier préféré p. 102

1. 5 ; 2 ; 4 - **2.** **3.**

Mon parfum de crème glacée préféré p. 103

1. 15 enfants **2.** 8 enfants **3.** 4 enfants **4.** vanille **5.** fraises

Quel temps fait-il? p. 104

1. 2 journées **2.** 5 journées **3.** 3 journées **4.** nuageux **5.** ensoleillé

Du plus petit au plus grand p. 105

1, 3, 2; 2, 3, 1; 2, 1, 3; 1, 3, 2

Du plus grand au plus petit p. 106

2, 1, 3; 3, 2, 1; 1, 2, 3; 2, 3, 1

Mesurer, c'est amusant! p. 107-110

1. 4 empreintes; 2 empreintes; 5 empreintes; 3 empreintes **2.** 4 centimères; 7 centimères; Réfléchis bien : environ 7 carrés **3.** 4 étoiles; 6 étoiles; 7 étoiles; 9 étoiles **4.** 4 centimètres; 3 centimètres; 6 centimètres; 7 centimètres

Trouver la masse p. 111-112

1. 4 cubes; 15 cubes; 12 cubes; 3 cubes **2.** 2 cubes de plus à gauche; 5 cubes de plus à droite; 3 cubes de plus à gauche; 2 cubes de plus à droite; 6 cubes de plus à droite; 1 cube de plus à gauche; 1 cube de plus à droite; 2 cubes de plus à gauche

www.ingramcontent.com/pod-product-compliance
Lightning Source LLC
Chambersburg PA
CBHW081342090426

42737CB00017B/3264